# Programación Para
# PRINCIPIANTES

---

Guía Completa Para Principiantes
Aprende Programación Paso a Paso De La *A* a la *Z*

---

# Table of Contents

INTRODUCCIÓN ..................................................................... 1

CAPÍTULO 1: CONOCER LOS CONCEPTOS CLAVE...................... 3

Términos Comunes Y Sus Definiciones ..................................... 4

Características Comunes Compartidas Entre Lenguajes......... 23

CAPÍTULO 2: ELIGE UN  LENAGUAJE DE PROGRAMACIÓN .......33

Lenguajes De Programación Populares ................................... 34

Envolver.................................................................................. 64

CAPÍTULO 3: COMIENZA CON LA PROGRAMACION ................68

Preparación De Su Visión ....................................................... 68

Preparación De La Estructura De Su Programa...................... 70

Preparación De Su Hardware ................................................. 70

Preparación De Su Software ................................................... 79

CAPÍTULO 4: CONSTRUYE UN SITIO WEB DESDE
CERO CON HTML.................................................................... 87

Introduccion Al HTML ............................................................ 89

Probar Su Código.................................................................... 92

Elementos, Etiquetas Y Atributos HTML................................ 94

Formateando  HTML .............................................................101

Encabezados ........................................................................ 101

Parrafos ............................................................................. 102

Texto .................................................................................. 106

Listas De Texto ................................................................... 109

Colores .............................................................................. 114

HSL (Hue, Saturación, Ligereza) ........................................ 118

Enlaces ............................................................................... 119

Enlaces Locales .................................................................. 120

Títulos De Enlace ................................................................ 120

Colores De Enlace ............................................................... 121

Vincular Atributos De Destino ............................................. 121

Creación De Imágenes En Las Que Se Puede Hacer Clic
(Imagen Como Enlace HTML) .............................................. 123

Tablas HTML ....................................................................... 124

Estilo De Mesa .................................................................... 126

HTML Iframes ..................................................................... 130

Estilos HTML ....................................................................... 132

**CAPÍTULO 5: HACER QUE TU SITIO WEB SE
VEA BONITO CON CSS ...................................................... 137**

Escritura CSS: Reglas Básicas De CSS ................................. 138

Tipos De Selectores CSS ..................................................... 141

Comentarios De CSS ........................................................... 142

Colores De Fondo ............................................................... 147

Fronteras ............................................................................ 157

Color Del Borde .................................................................. 157

Ancho Del Borde ................................................................. 157

Estilo De Borde ................................................................... 158

Radio Fronterizo.................................................................161

Márgenes .......................................................................163

Acolchado.......................................................................164

Monitor ..........................................................................166

Ancho Y Anchura Máxima...............................................167

La Propiedad Position ....................................................168

Desbordamiento ............................................................171

Alineación.......................................................................172

CSS Validación ...............................................................173

**CAPÍTULO 6: RECURSOS DE CÓDIGO QUE VALE LA PENA COMPROBAR** .................................................................**175**

Sitios Interactivos...........................................................175

Juntas De Debate ...........................................................177

Recursos De Vídeo ..........................................................179

Juegos.............................................................................180

Hardware.........................................................................182

**CAPÍTULO 7: CONSEJOS Y TRUCOS**.................................**184**

Configurar Un Sistema De Copia De Seguridad Fiable..........184

Ordene Su Espacio De Trabajo Con Escritorios Virtuales .....186

Imprimir Hojas De Trucos................................................187

Tinker Con La Interfaz Del Editor De Código.......................188

Mejora Tu Enfoque Con La Música ....................................189

Dele Buen Uso A Su Smartphone......................................189

**CONCLUSIÓN** .........................................................**191**

Radio Frontera ..................................................................
Dinámicos .......................................................... 106
Acolchado .......................................................... 184
Mantiene ..........................................................
Andar ... Ah, que llamada ............................ 147
la Propiedad Privada ......................... 198
Desbordamientos ..................................................
Afinación ............................................................. 92
Css Valuación ...................................................... 179

CAPÍTULO 5: RECURSOS DE CÓDIGOS DE VIVE LA PENA
GRABABAR ............................................. 175
Sobre Interactivos ................................. 175
Junto ... Desata ....................................
la mano De Viaje ...........................
juego ................................................................
Lenguaje ..................................................... 197

CAPÍTULO 6: OPTIMISADOS Y FLUIDOS ........................ 188

Configurar la Stream Fluido ..............................
Las Imágenes Superiores .....................................
Importar Bloques Fluidos ....................................
se Configura crear la OS De Diseño ............... 198
Liberando El texto De la Móvil .......................... 189
serfieis Separados y su territorio .......................
FORMULARIO ......................................... 199

# Introducción

Probablemente hayas leído la frase "cualquiera puede aprender a codificar" muchas veces antes de aterrizar este libro.

Si bien establecer metas altas es genial, de forma realista, la programación no es la habilidad más amigable para principiantes.

De hecho, los recursos disponibles en línea suelen hacer que aprender a codificar suene demasiado fácil, pero pronto descubrirás que el libro, tutorial o cualquier otra guía asume que ya conoces los conceptos básicos y tienes la apariencia de habilidades de programación. Para cuando lo descubras, estás a mitad de camino de un libro que no entiendes y acabas de desperdiciar tu precioso tiempo.

Este libro fue escrito específicamente para:

- Dar a los principiantes una hoja de ruta para seguir, después de elegir el tipo de proyecto que quieren hacer

- Haga que el contenido sea lo más sencillo posible para que los niños, adolescentes y adultos no tecnológicos entiendan

Cómo sacar el máximo partido a este libro

Para empezar, no te saltes entre capítulos. Es posible que tengas tu momento de bombilla mientras lees el primer capítulo, pero asegúrate de entender todas tus opciones antes de decidirte por un proyecto de programación en particular.

Pese sus opciones correctamente. Sepa que cada ruta que elija puede llevar a semanas o meses de "aprendizaje" de un proyecto en particular, así que haga que sus primeros proyectos cuenten.

Así como aprendes algo nuevo, divertirte mientras programas podría ser la solución que necesitas para que las lecciones se peguen.

Por último, practica el arte que elijas al contenido de tu corazón. Hay millones de recursos para la práctica de programación, así que he elegido a mano un par para ahorrarte tiempo y ponerte en marcha rápidamente.

# CAPÍTULO 1

## CONOCER LOS CONCEPTOS CLAVE

La **programación** es un vasto y vasto mundo para explorar. Todo el software que utiliza en su computadora portátil o de escritorio, así como las aplicaciones y juegos en su teléfono inteligente son los productos de programación. Incluso los dispositivos y gadgets sin pantallas como un dron RC, su vecino podría estar volando o un juguete Furby no puede funcionar correctamente sin el software subyacente que es desarrollado por los codificadores. Al igual que el hecho de que hay un montón de lenguajes en el mundo, hay muchos lenguajes que puede tratar de codificar su primer programa. Pero independientemente de la ruta que elija, debe conocer algunos de los términos y conceptos clave compartidos entre todos los lenguajes de programación. Usted va a hacer una gran cantidad de lectura no sólo en este libro, pero posiblemente otros libros y manuales en línea que contienen información más detallada sobre el idioma. Familiarizarse con estos conceptos clave le ayudará a entender estas guías y recursos.

# Términos comunes y sus definiciones

## *Código y programa*

El código se refiere a un grupo de instrucciones hechas para que el equipo siga. Tan pronto como haya creado un código que un equipo puede procesar de principio a fin sin errores, ya puede compilarlo en un programa. A continuación se muestra un ejemplo de varias líneas de código para formar un programa escrito en lenguaje ensamblador, un lenguaje de programación que fue ampliamente utilizado en la década de 1970.

```
section .text
global _start
_start:
        mov edx, len
        mov ecx, msg
        mov ebx, 1
        mov eax, 4
        int 0x80
        mov eax, 1
        int 0x80

sección .data

msg  db 'Hola!',0xa
len equ$ - msg
```

¿Puedes adivinar lo que hace este programa? ¡Sigue y pega el código en un ejecutor de ensamblados en línea como https://www.tutorialspoint.com/compile_assembly_online.php y mira lo que sucede! Si usted adivinó "¡Hola!", entonces usted tiene razón, pero podría parecer un poco sorprendente para un novato en cuanto a por qué se requieren tantas líneas de código para que el ordenador imprima una sola línea de texto.

La complejidad inesperada de este programa se debe al hecho de que el ensamblado se basa en código de bajo nivel, lo que significa el tipo de código que los equipos pueden interpretar y los seres humanos necesitan realmente memorizar los comandos y la sintaxis. No se alarme, ya que este es un ejemplo solo para que sepa cómo se ve un fragmento de código. Hablaremos de lenguajes de programación de alto nivel durante el resto del libro.

### *Algoritmos*

Aprender acerca de algoritmos y diagramas de flujo antes de empaparse con la programación es un enfoque muy inteligente para los principiantes. Cuando las personas codifican, las personas están proporcionando una solución a un problema y debe hacerse de una manera para que la computadora lo entienda. Pero si pasa mucho tiempo intentando crear cada línea de código sin un objetivo claro, es posible que se encuentre editando el código si la solución no aborda completamente los problemas o escenarios de casos diferentes. Los programas pueden ser muy complejos; Wired informó en 2015 que todos los servicios de Internet de Google están alimentados por 2 mil millones de líneas de código! Incluso una aplicación aparentemente simple como la calculadora de Microsoft

Windows 10, que recientemente se hizo de código abierto y escrito en C ++, tiene más de 35.000 líneas de código. Simplemente no puedes escribir estos códigos de manera eficiente sin un plan de juego y hacer algoritmos puede ayudarte a hacerlo.

Lo emocionante de hacer un algoritmo es que no necesitas saber cómo codificar en absoluto. Ni siquiera necesitas una computadora aunque tener una ayuda. Volviendo al primer fragmento de código mostrado anteriormente que se escribió en lenguaje ensamblador, Assembly es un lenguaje de bajo nivel que contiene principalmente códigos abstractos. En realidad hay un nivel aún más extremo de código llamado código de máquina que sólo el ordenador puede entender y se ve como galimatías numéricos aleatorios para los seres humanos. Los algoritmos son todo lo contrario. Al igual que la definición de código, un algoritmo sigue siendo una lista de instrucciones para el ordenador a seguir, pero algo que los seres humanos pueden entender totalmente. Las computadoras pueden ver el algoritmo como un galimatías, pero al menos tiene un modelo de referencia completo sobre los problemas que necesita resolver a medida que comienza a tratar de traducir cada línea de algoritmo en código. Así que con el fragmento de assembly, el equivalente del algoritmo sería algo así:

1. Inicie el programa.
2. Muestre el mensaje "Hello!" en la pantalla.
3. Fin del programa.

Sólo tenemos una sola línea en el algoritmo (además de los dos pasos obvios de inicio y parada) porque eso es todo lo que hace el programa. Dado que los equipos no pueden comprender las instrucciones que no son de código, tiene control total de cómo presentar el algoritmo. Puedes hacerlo tan detallado como quieras en cualquier idioma humano o dialecto que quieras. Los grandes proyectos de programación tienden a ser manejados por un equipo de codificadores, programadores y desarrolladores y tener un algoritmo detallado ayuda en gran medida con la gestión de proyectos. Tampoco importa cómo presente el algoritmo. Infórmelo en el uso de Microsoft Word en su teléfono inteligente o iPad Android, anote en un pedazo de papel o escríbalo en la pizarra para que su equipo lo vea. ¡Depende totalmente de ti!

Sin embargo, para programas más complicados que están diseñados para resolver múltiples problemas dependiendo de una entrada del usuario, un algoritmo podría ser un poco tedioso de escribir y podría ser un poco aburrido de presentar. Aquí es donde los diagramas de flujo pueden ser útiles.

### Organigramas

Piense en diagramas de flujo como una representación gráfica de un algoritmo. Dado que un algoritmo es una traducción fácil de usar del código, un diagrama de flujo puede proporcionar una vista de pájaro de la funcionalidad del código de principio a fin. Si ha visto o creado un diagrama de flujo para representar un flujo de trabajo, encontrará que los diagramas de flujo para la programación funcionan de una manera muy similar. No vamos a usar el ejemplo "Hola" esta vez porque eso haría que fuera un diagrama de flujo súper simple, así que vamos a tomar un fragmento de código matemático usando un lenguaje de alto nivel: C++.

```
#include <iostream>
usando el espacio de nombres std;
int main()
{
int num;
cout << "Enter an integer: ";
cin >> num;
si ( número % 2 o 0)
cout << num << " es un número par!";
Más
cout << num << " es un número impar!;
devolución 0;
}
```

Observe lo diferente que es el segundo ejemplo del primero. Hablaremos de los diversos lenguajes de programación más adelante en el libro, pero con solo mirar el primer fragmento de código escrito en Assembly y este fragmento escrito en C++, es mejor que te hagas una idea de lo que hará el equipo cuando ejecutes el segundo fragmento de c Oda. Si no es así, puede pegar este código en su compilador C++ favorito o en un compilador en línea como http://cpp.sh averiguarlo. Pero sólo para que pueda obtener el valor real de algoritmos y diagramas de flujo, aquí está el equivalente algorítmico del código anterior:

1. Inicie el programa.

2. Declare la variable 'num' como un entero.

3. Muestre el mensaje "Introducir un entero: " en la pantalla.

4. Acepte un entero del usuario que se almacenará en la variable 'num'

5. Compruebe si dividir o no el número almacenado en la variable 'num' por 2 producirá un resto.

6. Si el resto de la operación anterior es 0, muestre el número seguido del mensaje " es un número par!"

7. De lo contrario, mostrar el número seguido del mensaje " es un número impar!"

8. Fin del programa.

Así que un fragmento de código C++ de 48 palabras se convierte en un algoritmo de 91 palabras. Intencionalmente hice el algoritmo tan descriptivo como sea posible para que pueda ver realmente cómo las operaciones se traducen en código, pero también es libre de simplificar el inglés un poco a frases más cortas (que se puede denominar "Pseudo Código"). Pero si lo traduces a un diagrama de flujo, se verá algo como esto:

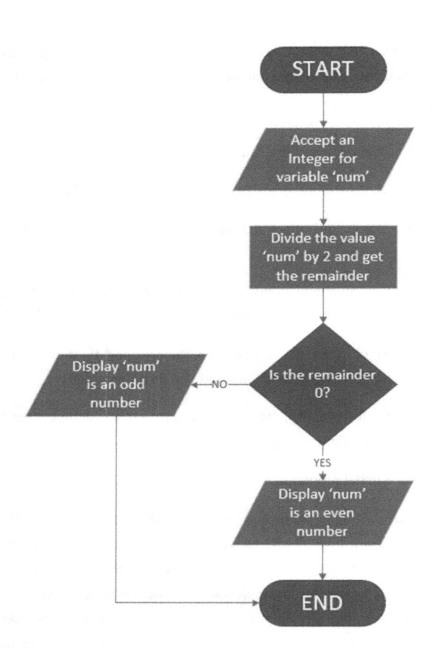

Flowcharting puede hacer que los programas complicados sean significativamente más fáciles de entender e ilustrarlos primero antes de proceder a la programación ayuda a encontrar defectos o le permite ver si puede agregar características adicionales para resolver una variedad más amplia de problemas. Para principiantes, solo necesita conocer cinco símbolos de diagrama de flujo que se utilizan en el ejemplo anterior. Vamos a repasarlos.

1. *Oval (Inicio/Fin):* el óvalo o elipse es un símbolo en forma de píldora que representa el principio y el final de un flujo de programa. Para que el diagrama de flujo parezca lo más simple posible, debe utilizar solo dos óvalos para el principio y el final, respectivamente. Sin embargo, puede usar óvalos adicionales si el programa tiene varias finales. Dado que el ejemplo anterior tiene solo dos resultados posibles, puede organizarlo de una manera para que ambos resultados apunten al mismo óvalo final sólo por simplicidad.

2. *Flecha– La flecha es una línea especial que conecta las formas junto con la punta de* flecha que indica la dirección del flujo del programa. Elimina la necesidad de poner pasos numerados como lo necesita al hacer un algoritmo. Las flechas añaden flexibilidad al aspecto del diagrama de flujo, ya que los programas más complicados

tienden a estar llenos de todo tipo de formas. Las flechas ayudarán a dar sentido a todo el flujo.

3. ***Paralelogramo (entrada/salida):*** el paralelogramo representa una operación de entrada o salida. Siempre que necesite aceptar un valor del usuario (entrada) o mostrar un valor (salida) en la pantalla para que el usuario lo lea, debe utilizar el paralelogramo.

4. ***Rectángulo (Proceso):*** el rectángulo representa cualquier operación que el equipo realice internamente. Básicamente, cualquier operación directa que no acepte una entrada o no muestre una salida debe estar representada por un rectángulo. Cálculos como la división modular que se muestra en la muestra anterior son ejemplos de este símbolo de proceso.

5. ***Rhombus (Decision)*** —El rombo es un símbolo en forma de diamante utilizado para ramificar el flujo del programa o hacer declaraciones condicionales. Todavía cuenta como un proceso ya que el equipo está realizando la operación internamente, pero tiene que decidir y elegir una ruta de acceso dependiendo del conjunto de condiciones. En el ejemplo anterior, el equipo tiene dos rutas de paralelogramo diferentes para tomar con diferentes salidas antes de proceder al final común. Cuando planea codificar un programa más sofisticado que

implica varias condiciones o anidadas, puede ilustrarlo encadenando varias formas de rombo junto con flechas.

Estas formas básicas del diagrama de flujo son reconocidas universalmente por los codificadores, programadores y desarrolladores, así que asegúrese de memorizarlas y usarlas correctamente cuando trabaje en un proyecto de equipo. Pero al igual que los algoritmos, las computadoras no pueden entender los diagramas de flujo por lo que puede dibujar libremente los diagramas de flujo en una hoja de papel o utilizar software de diagrama de flujo especial que se discutirá en el Capítulo 3. Hacer que tu diagrama de flujo sea lo más limpio posible y agregar un toque visual realmente puede ayudar al presentar un programa a un público no técnico.

### *Codificadores, programadores y desarrolladores*

Es imposible profundizar en la programación sin mencionar la programación y el desarrollo de software. Desde la perspectiva de alguien que tiene conocimientos básicos en computación, programación, programación y desarrollo podría parecer lo mismo y se puede utilizar indistintamente. Informalmente, probablemente podría, pero en un nivel más técnico, los codificadores, programadores y desarrolladores son en realidad cosas diferentes. Piense en ellos más como rangos con un codificador siendo el rango más básico y probablemente podría convertirse en un codificador apenas unas horas después de leer este libro!

El papel de un codificador es bastante básico. Usted establece o se le da un problema o un objetivo para lograr y utilizar sus conocimientos en su lenguaje de programación preferido para hacer el trabajo. Una vez que haya aprendido los conceptos básicos del lenguaje y empezar a bombear códigos y funcionan en un nivel fundamental, felicitaciones, usted es un codificador! Los dos ejemplos básicos establecidos anteriormente se pueden hacer mediante el trabajo de un codificador. Mientras que este libro toca principalmente en los conceptos básicos de la programación, usted no quiere detenerse en la programación simple, incluso si usted es un principiante. También debe entrar en la programación y, finalmente, desarrollar si desea resolver problemas más complicados. Tener esa capacidad realmente aumentará sus posibilidades de unirse a un equipo diverso de programadores y desarrolladores y ganar algo de dinero serio a largo plazo.

Entonces, ¿qué hace que la programación sea diferente a la programación? Se trata de la misma distinción entre un cocinero y un chef; ambos términos se pueden intercambiar informalmente, pero un chef es más como un cocinero experimentado, mientras que un cocinero tiende a seguir la receta dada sin desviarse. El renombrado pintor y artista Leonardo da Vinci dijo una vez: "El arte nunca se termina, sólo se abandona". Esa cita es bastante similar a otra cita hecha por el científico informático holandés Edsger Wybe Dijkstra quien dijo: "Las pruebas muestran la presencia, no la ausencia de errores."

Los programadores saben que la programación no es más que una fase en el proceso de desarrollo de software sin fin. Pasar mucho tiempo mejorando algoritmos y diagramas de flujo son en realidad cualidades de un buen programador. Los codificadores se especializan en traducir los algoritmos en código, mientras que los programadores realmente hacen que el algoritmo sea aún mejor y se aseguran de que no haya errores que detengan la demostración. ¿Alguna vez has notado la frecuencia con la que Facebook actualiza sus servicios y aplicaciones móviles? Esto se debe a que siempre hay programadores que trabajan diariamente para mejorar la estabilidad de sus servicios y corregir errores.

En el programa C++ impar o número par mostrado anteriormente, hay un error obvio que un programador querría considerar. Debido a las limitaciones del tipo de datos "int", el programa no puede determinar si un número es par o impar si el número es mayor que 2,147,483,647. La solución aquí sería considerar el uso del tipo de datos "long int" en su lugar.

Pero, ¿qué haría un desarrollador? Volviendo a la analogía de la comida, el desarrollador sería equivalente a un chef profesional. Los desarrolladores son los verdaderos cerebros detrás de los programas y van tan lejos como hacer la investigación necesaria para hacer algoritmos sólidos y diagramas de flujo. Al igual que un diseñador gráfico con antecedentes publicitarios, los desarrolladores identifican un mercado objetivo y los problemas que deben abordarse y crear todo tipo de soluciones. También pueden administrar un equipo de programadores para manejar proyectos más grandes y asegurarse de que el trabajo honra la visión del desarrollador. Un desarrollador de software es el sueño de un codificador, ya que son los desarrolladores los que las principales empresas como Microsoft, Facebook, Google, Apple y Amazon están buscando. Ahora, con todo eso fuera del camino, es hora de volver a la Tierra y continuar su viaje como un codificador principiante.

### Lenguaje de programación

La gente entenderá exactamente lo que estás diciendo mientras hables su idioma. Si vas a España o México, conocer el español definitivamente ayuda. ¿Vas a Italia? Será mejor que aprendas italiano. ¿Quieres dar instrucciones y comandos de un ordenador? Al igual que hablar de una persona, tienes que conocer el lenguaje de programación de la computadora. Afortunadamente, se puede hacer que el ordenador sea bastante inteligente mediante la instalación de numerosos programas que permiten a la máquina para entender todo tipo de lenguajes de programación. Aprenderás algunos de los programadores, programadores y desarrolladores más populares que usan hoy en día en el Capítulo 2 y entenderás algunas de las herramientas comunes que usan en términos a continuación.

### Editor de código fuente

Un editor de código fuente es un tipo especial de editor de texto diseñado para ayudar a los codificadores a escribir código. Al igual que hacer un algoritmo y un diagrama de flujo, no está restringido a una determinada herramienta al escribir código. Usted es libre de introducir la forma e incluso editar el código fuente en cualquier idioma utilizando un editor de texto básico como el Bloc de notas de Windows o TextEdit para macOS y darle la extensión de archivo adecuada dependiendo del lenguaje de programación que esté utilizando.

Sin embargo, los editores de texto ordinarios carecen de características que se pueden encontrar en los editores de código fuente. Por ejemplo, no podrá averiguar si algo está mal con su código. Microsoft Word puede detectar cosas como gramática incorrecta y ortografía de la misma manera que un editor de código fuente puede prever si el código que ha escrito va a dar lugar a un error.

Cuanto más grande y complicado sea el código, más difícil será editar, depurar y/o mejorar el código. El editor de código fuente también puede ayudarle con eso sangrando automáticamente las líneas adecuadas para que pueda ver mejor las distintas secciones de su programa y resaltar ciertos elementos para que pueda identificar fácilmente comandos, variables, parámetros y otros elementos de cada línea de código. Los editores de código fuente más básicos vienen con estas ayudas, mientras que los más ricos en características también vienen con compiladores e intérpretes. En el capítulo 3 se analizarán algunos de los editores de código fuente que puede probar.

### *Compiladores e intérpretes*

Este es un experimento genial que puedes probar en un ordenador con Windows. Abra el Bloc de notas de Windows o WordPad pegue cualquiera de los fragmentos de código que se encuentran en el libro. A continuación, guarde el archivo. En el cuadro de diálogo "Guardar como", cambie la opción "Guardar como tipo:" a "Todos los archivos" e introduzca cualquier nombre de archivo con ".exe" como extensión. Guárdelo en su escritorio y debería ver un archivo de programa estándar que puede hacer doble clic para ejecutar teóricamente el programa que acaba de pegar. Pero lo que sucede en su lugar es un error. ¿por qué? Eso sería como hablar inglés con alguien que no entiende el idioma. Lo que necesitas es un traductor y en el mundo de la programación de un traductor viene en dos sabores: compiladores e intérpretes. Ambos programas traducen el código que se pone en el código de la máquina para que pueda ejecutar el programa creado correctamente.

Los compiladores e intérpretes tienen diferentes enfoques para traducir código. Un compilador funciona tomando todo el código fuente, realizando todas las traducciones necesarias y generando un programa ejecutable. Este proceso puede tomar algún tiempo dependiendo de la velocidad de su CPU o procesador y el número de líneas que tiene su programa. Dependiendo del compilador o del lenguaje de programación que utilice, este proceso puede completarse correctamente incluso si el código tiene errores o errores críticos y solo se enterará de ellos cuando intente ejecutar el programa compilado.

Aquí es donde un intérprete puede ser útil. En lugar de tomar todo el código fuente y crear una salida traducida, un intérprete compila la primera línea de código y después de cada traducción, la instrucción se ejecuta inmediatamente. A continuación, el intérprete pasará a la siguiente línea repitiendo el proceso hasta que se encuentre un error o finalice la operación. Debido a que se produce un proceso de compilación y ejecución en cada línea, el programa se ejecutará un poco más lento y eso puede ser notable si la CPU es lenta o limitada. Pero la ventaja es que usted no tiene que esperar a que todo el programa se compile para las pruebas y una gran cantidad de editores de código fuente con intérpretes incorporados tienen una interfaz de usuario amigable para ayudarle a identificar el origen de un problema si lo hay. Algunos lenguajes de programación como Java están especialmente construidos para tener las ventajas de un compilador e intérprete. Estos lenguajes de programación son populares porque se obtiene el rendimiento de un programa compilado con la comodidad de solución de problemas de un intérprete. Estos se conocen como compilador-intérpretes híbridos.

### *Depurador*

Un depurador es un programa externo diseñado específicamente para detectar errores y errores en el código y los programas.

Puede tener las funciones de un intérprete como el enfoque paso a paso para el seguimiento de errores es realmente un enfoque útil, pero puede venir con funcionalidad adicional, como la capacidad de pausar las operaciones si el comando puede ser correcto en el sentido de sintaxis, pero produce el salida incorrecta. Esto todavía se puede considerar un "error" ya que es una salida no deseada por lo que los depuradores le permiten corregir el código y continuar la operación para ver si el problema está resuelto. Algunos depuradores pueden tener un entorno virtual que le permite comprobar completamente el código complicado y largo sin necesidad de compilar.

## *Va*

Imagínate esto. Estás sentado en una caja de arena llena de arena, un cubo y eso es todo. Depende de su imaginación para crear algo impresionante. Si necesita una herramienta, puede salir de su caja de arena y obtener algo. Ese es exactamente el tipo de entorno que obtendrá de un editor de código fuente básico. Pero con un IDE o un entorno de desarrollo integrado, se coloca en ese entorno limitado con el bucket y todas las herramientas que necesita para crear rápidamente una arquitectura de arena seria. Por lo general, no necesitas nada más porque todo lo que necesitas está a tu alcance.

Los IDE modernos tienen una interfaz de usuario amigable que desea ejecutar a pantalla completa. Es un editor de código fuente con conector completo con compiladores, intérpretes, depuradores e incluso puede admitir varios lenguajes de programación (conocidos como IDE multilenguaje). Incluso vienen con ciertas herramientas de automatización para ayudarle a escribir la sintaxis correcta de forma rápida y personalizable espacios de trabajo y diseños para que pueda administrar convenientemente varias secciones de enormes proyectos de código.

### *Biblioteca*

¿Alguna vez se ha preguntado cómo los desarrolladores de software administran decenas de miles de líneas de código? Si bien es totalmente posible que algunos editores de código fuente manejen más de 2 mil millones de líneas de código en un solo archivo, es mucho más eficiente compilar ciertas partes del código en una biblioteca en lugar de en el programa adecuado. Las bibliotecas no solo ayudan a ordenar varios componentes de un programa complicado, sino que también pueden facilitar las cosas en la programación de otros programas. Tal vez dos de los programas que está codificando tienen algunos puntos en común y sería más eficiente si sólo utilizan las mismas bibliotecas por lo que no tendrá que repetirse en la construcción de cada uno desde cero. Hay un montón de bibliotecas disponibles públicamente como jQuery, una de las bibliotecas más populares para JavaScript. Al implementar estas bibliotecas ampliamente utilizadas en el código, obtiene acceso a más herramientas sin la necesidad de hacerlas desde cero.

## Marco de referencia

Dependiendo del tipo de programa que se necesite hacer, no todas las personas se sienten cómodas con un entorno sandbox sin procesar. Incluso si tiene todas las herramientas y bibliotecas al alcance de la mano y los algoritmos planeados, comenzar con un proyecto de programación puede resultar un desafío. Hay innumerables maneras de ejecutar en una visión, pero una ejecución sólida es crucial para hacer un programa de calidad que no solo resuelva los problemas de los usuarios objetivo, sino que también proporcione una experiencia agradable. Averiguar que la ejecución correcta podría no ser siempre posible en un entorno sandbox de hacer cualquier cosa que desee a menos que tenga algún tipo de esqueleto o plantilla sobre la que construir. Aquí es donde entra la importancia de un marco.

Un marco de trabajo es una colección de bibliotecas relacionadas que ayudan en gran medida a reducir la cantidad de código necesario para alcanzar sus objetivos básicos. Al igual que los lenguajes de programación, hay un gran tipo de marcos disponibles que soportan todo tipo de lenguajes con algunos de ellos siendo novato-amistoso y otros más avanzados. Sí, los marcos de trabajo son realmente útiles para los desarrolladores de software expertos también, ya que los marcos facilitan la ampliación de programas complejos. Cuanto más complicado se vuelva su programa, más problemas podrá exponer su programa y cada programador debe tomarse la seguridad en serio. Obtener un marco de trabajo bien soportado le da esa primera capa de seguridad junto con herramientas eficaces que no necesita codificar usted y puede centrarse en abordar las partes más difíciles de su algoritmo.

Si vas a sitios web modernos en estos días, notarás lo interactivos y dinámicos que son. Es posible que encuentre formularios para llenar, un lugar para crear una cuenta, un boletín de noticias al que suscribirse y una interfaz fluida. Se necesita una enorme cantidad de trabajo para codificar en todas estas características individuales que van desde la creación de las conexiones entre el front-end y el backend y la construcción de medidas de seguridad robustas para asegurarse de que los visitantes no pueden comprometer su sitio web. Los marcos web como Django y Flask para Python le ofrecen esas herramientas de inmediato e incluso tienen una buena documentación para empezar.

## Características comunes compartidas entre lenguajes

La belleza de la programación del hecho de que hay tantos lenguajes informáticos a tener en cuenta. Para un codificador principiante, incluso podría sentirse un poco caótico, ya que cada idioma puede tener sus ventajas y desventajas dependiendo de los problemas que necesita resolver y no sabrá exactamente acerca de ellos a menos que aprenda los lenguajes usted mismo o pregunte a alguien que es competente en varios lenguajes. Algunos lenguajes de programación son más fáciles de aprender en comparación con otros y descubrirá cuáles en el Capítulo 2.

Pero no importa qué ruta de programación tome, necesita familiarizarse con algunas de las características y componentes comunes que comparten varios lenguajes.

### Declaración

Cada línea de un fragmento de código se puede denominar instrucción. Algunas instrucciones pueden ser muy largas hasta el punto de que necesitan dividirse en varias líneas sólo para hacer el código más fácil de leer, pero dependiendo del idioma del equipo, el equipo todavía lo interpretará como una sola instrucción. Algunos lenguajes de programación requieren un carácter final especial como un punto y coma para denotar el final de un comando de modo que al presionar la tecla Antro en el teclado le permite pasar a una nueva línea o instrucción. También es común que los programadores inventen instrucciones para servir como una continuación de la línea anterior o para mostrar que estas instrucciones están bajo un condicional o bucle. Estos términos se explicarán a continuación.

### Comentario

Los comentarios son una herramienta muy poderosa para los codificadores que buscan escalar sus proyectos. Puede practicar tanto como desee hasta el punto de que memorizó cada comando y sabe lo que hace cada una de las declaraciones que hizo. Pero a medida que continúe desarrollando su programa o agregar características o medidas de seguridad, tendrá más líneas para realizar un seguimiento hasta el punto que desea que simplemente puede poner algunas notas adhesivas para que recuerde lo que hizo o si desea explicar a un compañero codificador ciertos estados que pueden no tener un uso obvio. Los comentarios son las notas adhesivas exactas que necesita. Sólo tienes que seguir la sintaxis de los comentarios en tu lenguaje de programación (// seguido para C++). Por ejemplo, puede agregar un // después del punto y coma para explicar lo que una instrucción hace estilo de algoritmo

### *Sintaxis*

¿Sabes cómo en el idioma inglés, hay ciertas reglas gramaticales a seguir, como el sujeto y el acuerdo de verbos? La sintaxis funciona de la misma manera, aunque es más estricta y más directa al punto. No es como la gramática en el sentido de que la forma en que escribes correctamente una oración puede ser discutible o que son formas informales y formales de expresar un pensamiento; con una sintaxis, la instrucción realmente necesita ser escrita de acuerdo con las reglas del lenguaje de programación o de lo contrario obtendrá un error una vez compilado o el intérprete no procesará esa línea en particular. Echemos un vistazo más de cerca a una de las instrucciones del fragmento de código C++ que se encuentra en el segundo ejemplo.

```
cout << "Enter an integer: ";
```

Usted entenderá fácilmente que el comando "cout" imprime texto en la pantalla. Ese comando solo se traducirá correctamente al código de máquina si escribe la sintaxis de obedece el comando, que comienza con cout seguido de un espacio y, a continuación, el operador <<. El texto real se incluye entre comillas para que el compilador y el intérprete puedan distinguir correctamente entre un comando o variable y texto real. Vamos a modificar el ejemplo superior en algo que podría confundir el equipo:

```
int num;
cout << "Ingrese un número: ";
cin >> num;
cout << "cout se puede utilizar para mostrar la variable
num: " << num;
```

El foco debe estar en la última línea, pero revisaré todas las líneas solo para que pueda entender cómo funciona este código C++. La primera línea contiene dos palabras "int" y "num". "int" representa el tipo de datos entero, mientras que "num" es el nombre de la variable (por lo que no se ven comillas). El equipo interpreta esto como la opción de reserva del número de variable para almacenar un entero (es decir, un número no decimal que es menor que 2,147,483,647). El "cin" es la contraparte de "cout" ya que cin acepta una entrada del usuario y el operador >> indica al equipo que almacene lo que sea la entrada del usuario en la variable "num" previamente declarada como un tipo de datos entero.

La última línea es un ejemplo de dónde la sintaxis tiene que ser perfecta para obtener un resultado muy específico. Observe que hay dos instancias de "cout" y dos instancias de "num". Uno está entre comillas y el otro no. Como mencioné anteriormente, si desea que el equipo interprete palabras en C++ como texto puro o una cadena, tendrá que incluirlas entre comillas. Observe también que el operador << también se utiliza dos veces porque está conectando un comando a una cadena y esa misma cadena a una variable. Por lo tanto, el "num" entre comillas se mostrará como "num" en la pantalla, mientras que el número sin las comillas le mostrará el valor del número que el usuario introduce en la línea anterior. Así que si ejecutas el programa e introduces el número 5 obtendrás este mensaje exacto:

```
cout se puede utilizar para mostrar la variable num: 5
```

### Tipo de datos

Siempre que el equipo encuentre una instrucción que implique almacenar un valor como "cin" en el ejemplo anterior de C++, el equipo debe tener un espacio de memoria asignado para esa variable. El tamaño del espacio de memoria depende del tipo de datos de la variable. Puede decidir qué tipo de datos desea asignar a la variable en función de los tipos de entradas que espera de los usuarios. Elegir el correcto es un buen equilibrio entre evitar salidas no deseadas y mantener un rendimiento óptimo. Cada poco cuenta especialmente para programas más grandes que pueden consumir más memoria del sistema debido a todos los tipos de datos y clases involucradas. Tenga en cuenta también que los valores constantes también necesitan un tipo de datos.

## Constantes y variables

Estos dos términos son bastante auto explicativos. Una constante es básicamente un valor que nunca está destinado a cambiar dentro del programa. Básicamente está asignando un valor fijo una etiqueta de nombre especial para que pueda hacer referencia fácilmente a ella en el futuro. Hacer un buen uso de las constantes es útil a largo plazo. Supongamos que hay toneladas de instrucciones que se basan en este valor constante y desea cambiar ese valor. Si no asigna bañó a ese valor una constante, tendría que editar manualmente cada instancia a la que hace referencia la instrucción a ese valor. Pero si usó una constante, solo tendría que actualizar ese valor. Las variables son lo contrario, ya que son valores que pueden cambiar a otra cosa bajo el mismo tipo de datos. El acto de definir el tipo de datos de la variable o constante se denomina declaración, mientras que el acto de establecer un valor en esa variable o constante por primera vez se denomina inicialización. Solo tenga en cuenta que una declaración no es necesaria para cada lenguaje de programación, así que asegúrese de consultar con la documentación del lenguaje de programación.

## Matrices

Las matrices tampoco son para codificadores principiantes, pero cuando se usan correctamente, puede hacer programas mucho más eficientes. Si se encuentra haciendo demasiadas variables para almacenar datos similares, puede simplificar las cosas haciendo una matriz que pueda almacenar estos valores en sus propias celdas dedicadas. Piense en la forma en que los apartamentos y condominios funcionan. Cada habitación no tiene su propio buzón de correo. En su lugar, hay una sala dedicada en el apartamento que contiene un gran buzón con compartimentos individuales cada uno con sus propias cerraduras para representar cada habitación.

### *Objetos, Clases, Funciones y Parámetros*

Las clases, funciones y objetos son muy comunes en lenguajes de programación de alto nivel como C++. Son principalmente para programadores más experimentados, así que no voy a proporcionar ejemplos aquí. Pero ayuda si usted está esperando profundizar en el lenguaje, ya que son útiles al codificar cientos de líneas. Dominar estas tres cosas le permite hacer programas más flexibles sin escribir tanto código.

Los objetos desempeñan un papel importante en la reducción de la cantidad de código necesario porque están diseñados para ser reutilizados en diferentes áreas del programa. Dentro de un objeto hay una colección de constantes y variables todas relacionadas entre sí. Una vez que domó la creación de objetos y empezar a crear objetos que se relacionan entre sí, se hace que el programa sea aún más organizado combinándolos en una clase.

Piense en las clases como tipos de datos glorificados. En lugar de asignar un espacio de memoria para un único valor, está dejando de lado la memoria de una colección de objetos relacionados y depende totalmente de usted sobre cómo desea definirlo. Lo ideal es utilizar objetos relacionados para facilitar la solución de problemas o la depuración del programa si surgen problemas. Las clases y los objetos se basan en las cosas que se almacenan en la memoria. Cuando desee que el equipo realice un conjunto de acciones con estas clases y objetos, debe crear una función. Al igual que los objetos y las clases, las funciones ayudan a evitar la repetición de instrucciones en varias secciones del código. Pero, ¿qué pasa si desea realizar una función de una manera ligeramente diferente? Puede agregar un poco de interacción dinámica con una función agregando parámetros. Los parámetros permiten insertar un valor en la función que se puede utilizar para producir una salida diferente al reciclar el código. Puede hacerlos opcionales u obligatorios. Es una buena práctica agregar comentarios a sus funciones, clases y objetos, especialmente si planea abrir el código fuente a otros.

### Condicional

¿Recuerdas esa forma de diamante en el diagrama de flujo que aparece anteriormente en el capítulo? Cuando se traduce al código, se conoce como condicional. Cada lenguaje de programación moderno lo tiene y casi todos los programas sofisticados tienen al menos una vez porque seamos sinceros, los programas tienen que tomar decisiones basadas en la entrada del usuario. Si el usuario introduce esto, sucede esto o sucede algo más. Ese es el resumen de una declaración condicional clásica

"If-Then-Else". Hay un montón de variantes y sintaxis en función de su elección de lenguaje de programación.

## Operadores y Operandos

Los operadores y operandos se utilizan en instrucciones y condiciones y, en conjunto, manipulan los datos. Los valores almacenados en variables y constantes son los operandos, mientras que los operadores son los símbolos para la manipulación como +, -, ?>, etc.

## Null

En una instrucción condicional básica, está evaluando las condiciones de dos valores almacenados. Pero si desea crear una condición que conduzca a una instrucción determinada si un valor almacenado no tiene nada, utilice un valor nulo. En la programación, null es literalmente nada y es diferente de un espacio cero o en blanco. El término o la representación de un valor nulo depende del lenguaje de programación.

## Booleana

Boolean es una extensión de las condiciones que son necesarias cuando necesita evaluar varias condiciones. Se basa en los operadores AND, OR, NOT y varios otros. La idea es que el ordenador tome una decisión basada en qué conjuntos de condiciones son verdaderas y falsas. Puede sonar un poco confuso al principio, pero realmente se puede entender cómo se toman las decisiones con un poco de prueba y error.

## Bucle

Un bucle es una serie de instrucciones que se mantienen dentro de un contenedor definido por el codificador y comienza con una condición. Mientras no se cumpla la condición, las instrucciones dentro del contenedor de bucle se ejecutarán en orden una y otra vez hasta que se cumpla la condición. La última instrucción del contenedor de bucle debe contener un operador que incremente o decremente el valor implicado en la condición o, de lo contrario, termine con un bucle infinito o infinito. Estos tipos de bucles deben evitarse en un programa en vivo porque obliga al usuario a salir del programa abruptamente.

# CAPÍTULO 2

## ELIGE UN LENAGUAJE DE PROGRAMACIÓN

Elegir un lenguaje de programación es una de las formas más fáciles de comenzar la programación real, pero si le preguntas a cualquier programador, te recomendarían uno u otro y te dejarían rascándose la cabeza una vez más. La respuesta a "¿Cuál es el mejor lenguaje de programación para empezar" siempre es subjetiva, ya que la trayectoria de cada programador es diferente.

Para algunas personas, ser introducido en un lenguaje de programación puede ser un accidente. Tal vez estaban construyendo un sitio web con el tema Drupal o WordPress, luego inadvertidamente aprender PHP. Tal vez su primer sabor de la programación vino de ayudar a un niño a trabajar a través de un proyecto Scratch en la escuela y se inspiró para descubrir otros lenguajes.

## Lenguajes de programación populares

Hacer un poco de Googling y te darás cuenta de que hay docenas de lenguajes de programación por ahí - algunos bien queridos, otros absolutamente odiados; algunos obsoletos, y nuevos que se están desarrollando todos los días.

La cantidad de tipos de lenguaje de programación también depende de a quién preguntes y qué libro leas. Para que sea más fácil de entender, aquí hay 3 clasificaciones que usted debe saber:

1. *Lenguajes de imagen* - Lenguaje desmontado que enseña conceptos de programación mediante la manipulación de imágenes. Echa un vistazo a TurtleArt para hacerte una idea.

2. *Lenguajes de bloques: también conocido como "lenguaje de burbujas"*, este lenguaje de programación permite a los usuarios simplemente "ajustar" bloques de código (en lugar de escribir líneas de código textual). Esto es tan visual como los lenguajes de imagen, pero te dan un adelanto del código real, para que sepas lo que está sucediendo "detrás de las cortinas" mientras giras una foto o diriges una foto para moverte de cierta manera. Scratch y Tynker son ejemplos perfectos de herramientas de programación que utilizan lenguaje de bloques.

3. ***Lenguajes de programación "reales"*** - Aquí se incluyen lenguajes tradicionales como Python, JavaScript, PHP, Lua, Java y más.

Elegir un lenguaje de programación no debe basarse en tu edad. Los niños pueden ir directamente al aprendizaje de Java, si quieren centrarse en el modding Minecraft a una edad temprana de 7 años, mientras que los adultos pueden comenzar a programar con herramientas basadas en bloques si son más un aprendiz visual que basado en texto.

Una consideración que siempre debe tener en cuenta, independientemente del lenguaje de programación que elija a continuación, es que comience con uno basado en su nivel de comodidad. No empuje sus habilidades de programación - creer en la progresión natural.

### *HTML/CSS*

HTML (Hypertext Markup Language) y CSS (Cascading Style Sheets) son dos tecnologías importantes que aprenderá al crear páginas web.

HTML proporciona a la página su "estructura", lo que podría significar todo lo que encabezados, imágenes, tablas, listas, hipervínculos u hojas de cálculo a sonido, vídeos y otros elementos que están etiquetados adecuadamente dentro del código.

HTML es el lenguaje que ayuda a los navegadores web a comprender los elementos que ha creado y mostrar los archivos del sitio web correctamente.

CSS es un lenguaje que cambia el aspecto del HTML, que los usuarios pueden editar para personalizar fuentes, diseño, colores y presentación, lo que garantiza que se vea bien en pantallas pequeñas/grandes, impresoras o varios tipos de dispositivos.

Probablemente lo más importante que CSS puede hacer es ayudarnos a poner todos nuestros elementos, imágenes, estilo CSS y otras piezas en una página.

Mientras que HTML y CSS se utilizan a menudo mano a mano, CSS puede trabajar sin HTML. De hecho, esta independencia permite a los usuarios compartir hojas de estilos incluso con páginas no HTML o cualquier lenguaje de marcado basado en XML.

Para que HTML y CSS funcionen, necesitarás un par de cosas: un navegador web (Google, Firefox, Internet Explorer u otro navegador de tu elección) y cualquier editor de texto simple como Bloc de notas (PC) o TextEdit (Mac) donde guardarás tus archivos HTML y CSS.

### Etiquetas y estructura HTML

Las etiquetas HTML le permiten etiquetar cada parte de su página HTML. Estas etiquetas representan elementos, como "encabezado", "párrafo", etc.

Guardado en un bloc de notas con extensión .html (como index.html), the estructura básica de HTML incluye las siguientes etiquetas:

```
<! DOCTYPE html>
<html>
<cabeza>
<título> Título va aquí </título>
</head>
<cuerpo>
<h1>Título 1</h1><p>Primer párrafo va aquí</p></body>
<pie de página> </footer>
</html>
```

En el ejemplo anterior, "<! DOCTYPE html>" simplemente define el documento como un archivo HTML.

Todas las demás etiquetas comienzan con una etiqueta de apertura (nombre del elemento rodeado de corchetes angulares como "<html>") y una etiqueta de cierre coincidente(escrita con una barra diagonal insertada antes del nombre de la etiqueta como "</html>"). Sepa que si olvida cerrar las etiquetas, es posible que toda la estructura HTML no funcione.

Cuando está desprotegiéndose su trabajo en un navegador, estas etiquetas son invisibles para el visor, pero son las instrucciones reales que siguen los navegadores para mostrar su página HTML. Además, solo el contenido escrito entre las etiquetas de apertura y cierre <body> se muestra en un explorador.

- <html> contiene todo el código HTML.

- <head> enumera información sobre el sitio web.
- <título> muestra el título del sitio web
- <body> contiene todo el contenido dentro de una página
- <encabezado> enumera el menú o el contenido en la parte superior de una página
- <h1>, <h2>, <h3>, <h4>, <h5>, <h6> Normalmente se utilizan como título para cada sección, estas etiquetas muestran el encabezado con los cambios de fuente (h1 como el más grande, y h6 como el más pequeño)
- <img> indica qué imagen mostrar en la página

Otras etiquetas como <main>, <section>, <div>, <footer> también vienen en pares (con etiquetas open/close). Se utilizan para identificar partes del código HTML.

Etiquetas como <ul> y <li> se utilizan para una lista con viñetas, mientras que <a> se utiliza para vincular a otra página o sitio de terceros.

Una vez que la estructura HTML está hecha, ahora tienes que abrir un nuevo archivo de texto para CSS para que tu página HTML se vea bonita.

### Estilo CSS

Para que CSS funcione, hay tres cosas importantes que debe hacer:

1. *Crear una nueva carpeta para CSS* - La carpeta 1 es para su HTML, la carpeta 2 es para sus imágenes, y la carpeta 3 es para CSS

2. *Nombre el archivo con extensión .css - Todavía puede utilizar su bloc de notas de* confianza cuando trabaje en su CSS, sólo asegúrese de guardarlo con la extensión .css. (En mi ejemplo, vamos a llamarlo codingTUT.css)

3. *Vincula tu HTML a tu archivo CSS* - Para ello, tienes que abrir el archivo HTML de nuevo e insertar un elemento de enlace entre los elementos de cabeza de apertura/cierre.

```
<head>
    <title>Coding Tutorial</title>
    <link type="text/css" rel="stylesheet" href="codingTUT.css" />
</head>
```

Verá un par de atributos nuevos en esta línea de código de ejemplo.

- **tipo de** enlace: indica al navegador que vincule el archivo text/css a este archivo HTML

- **rel** - se refiere a la "relación" entre los archivos HTML y CSS

- **href** - puntos en la ubicación exacta del archivo .css

### *Clases CSS y HTML*

Al igual que HTML, debe escribir CSS correctamente para evitar cualquier error. También estarás editando tu archivo HTML a medida que creas tu CSS, ya que los cambios deben verse en archivos HTML y CSS para mantenerlos vinculados.

Dentro de su archivo CSS, puede cambiar la forma en que se ve cada elemento de su HTML. Así es como:

1. *Asignar clases HTML a los* elementos: asegúrese de que describe el elemento para ayudarle a especificar qué parte del HTML está intentando cambiar.

   Por ejemplo: <header class-"main-header"> </header>

2. *Escribir CSS* - Ir a su archivo CSS y asignar una mirada a su encabezado principal.

Según nuestro ejemplo, puede escribirlo de esta manera:

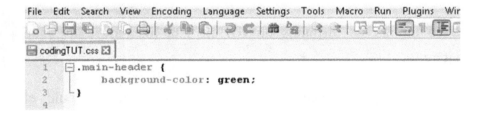

- <u>DOT</u> - Siempre hay un punto delante del nombre de la clase

- <u>- y ? -</u> <u>Sus instrucciones de</u> estilo CSS siempre deben estar dentro de estos corchetes abiertos / cerrados.

- Instrucción de estilo - En este caso, desea que el "color de fondo" se cambie a "verde"
- Los puntos y puntos y comas son necesarios después del tipo de estilo y valor respectivamente.

Otros estilos que puede personalizar incluyen la fuente (tipografía), iconos, encabezado, vídeos, imágenes (tamaño, diseño, etc.), tablas, listas, enlaces, pie de página, cuerpo, espaciado de elementos, espacios en blanco, colores y así sucesivamente. CSS puede ser tan potente - incluso puede cambiar una imagen perfectamente coloreada en escala de grises sin tener que editar la foto.

¿Para quién es?

Si te gusta jugar con HTML, hay una buena posibilidad de que te guste el espacio de desarrollo web. Incluso te gustaría cambiar de industria. Por otro lado, si prefieres personalizar más CSS, echa un vistazo a una carrera en diseño web.

### *Php*

PHP (significa Preprocesador de hipertexto) es un lenguaje de scripting de código abierto del lado del servidor, que se utiliza a menudo junto con HTML y CSS, para la automatización de tareas.

PHP le permite incorporar características avanzadas de un sitio web como carrito de compras (para tiendas en línea), foro, y galería de imágenes complejas, entre otros.

Con PHP, también puede crear una variedad de aplicaciones para su sitio web, como lector RSS, lista de tareas pendientes, convertidor de unidades, etc. También puede incrustar PHP en HTML y conectarse a otras bases de datos como Oracle y MySQL.

La principal diferencia entre PHP y HTML es donde se está haciendo el scripting. La programación HTML se realiza en el navegador de un usuario (lado cliente), mientras que la programación PHP se realiza en un servidor antes de que entre en funcionamiento en el navegador del usuario.

Requisitos para usar PHP

Para poder codificar PHP, necesitarás tener un poco de conocimiento HTML. También necesita cualquiera de estos dos requisitos:

- Un host web que admite PHP

- PHP y un servidor web instalado en su ordenador (Puede obtener PHP en http://www.php.net/downloads.php gratis)

Algunas reglas de PHP que necesitas saber:

- Escribes códigos PHP en blocs de notas y guárdalos con la extensión .php.

- No utilice procesadores de Word (pegue con un bloc de notas en su lugar)

- Al igual que HTML, la sintaxis PHP utiliza etiquetas de apertura y cierre.

  - **<?php - etiqueta de** apertura estándar

  - **?> - etiqueta de** cierre estándar

- Whitespace no es un gran problema con la sintaxis PHP

- HTML se puede incluir dentro de los archivos PHP y seguir funcionando, pero no viceversa.

```
1    <?php /* Code 1 paste here */ ?>
2    <html>
3    <head>
4        <?php /* Code 2 paste here */ ?>
5    </head>
6    <body>
7        <?php /* Code 3 paste here */ ?>
8    </body>
9    </html>
10   <?php /* Code 4 paste here */ ?>
11
```

Como puedes ver en el ejemplo anterior, puedes personalizar una página web con cualquier proyecto más pequeño que puedas con sintaxis PHP e incorporar elementos HTML para organizar toda la página web.

## PHP & Comentarios

Probablemente una de las mejores cosas de PHP es cómo puedes colocar comentarios dentro de tu código, lo que podría ayudarte a revisar tu sintaxis incluso años después de que la escribiste originalmente. Nadie más puede ver este código php, así que si deseas aprovecharlo, puedes usar "//," ",o "/*" y "*/."

Por ejemplo:

```php
<?php

Puede escribir un comentario dentro de una línea de código
o más...


• También puede usar ampersand para un comentario de una
línea
O varias líneas según sea necesario, pero esta no es tan
popular como la primera opción

/* Este último tipo necesita una etiqueta de apertura/cierre
y se puede utilizar como un comentario de una línea */

/* O varias líneas. Este se utiliza mejor para comentarios
muy largos, ya que no se puede escribir este comentario
anidado sin errores */


?>
```

## Variables PHP

Aquí es donde todo se pone interesante.

Las variables PHP le permiten escribir y almacenar información una vez estableciendo variables específicas una vez, entonces nunca tendrá que escribirla de nuevo.

Las variables PHP se escriben con un signo de dólar, seguido del nombre de variable que asigne. Hay algunas reglas para escribir nombres de variables:

- No se permiten espacios

- Puede contener letras (De A a Z ), números (0 a 9) y guiones bajos (_).

- Los nombres de las variables distinguen mayúsculas de minúsculas. Estos nombres no pueden comenzar con un número, pero se permiten guiones bajos o letras.

- Los nombres deben tener sentido para ti, para que puedas entenderlo incluso si accedes a él meses después

- Utilice un signo igual antes de escribir el valor que asigne para cada variable

- Utilice siempre un punto y coma para terminar cada declaración de variable

Este es un buen ejemplo:

```php
<?php
$My_Stats á "Esta es mi información";
$empty_variable "";
$eyes "marrón";
$hair 'negro';
$age 30;
$weight "120 libras";
? >
```

El nombre de la variable puede ser cualquier cosa que desee que sea, siempre y cuando el código se escriba siguiendo las reglas anteriores.

Las variables PHP facilitan la cálculo de números, la automatización de instrucciones o el cambio de detalles específicos de su código una vez (sin tener que revisar todos los demás detalles repetidos).

¿Para quién es?

PHP sigue siendo el lenguaje del lado del servidor más utilizado, incluso si hay un montón de lenguajes de la competencia que son mejores y más eficientes. Muchos programadores argumentarían que PHP no es seguro o incluso hermoso, pero este lenguaje ha mejorado desde sus inicios y su versión actual PHP 7 ha demostrado ser una poderosa herramienta para hacer dinámica e interactiva w eb páginas.

## *JavaScript*

JavaScript es el lenguaje de programación más popular - según el 62,5% de los encuestados en el 2018 StackOverflow Survey.

JavaScript fue creado en 1995 como una solución para un problema temprano de compatibilidad con Internet, pero su uso se ha expandido más allá del desarrollo de sitios web y aplicaciones basadas en la web en tecnologías modernas como aplicaciones de teléfonos inteligentes / smartwatch, robótica, servidores y mucho Más.

Si te avivas a algo en Instagram, reaccionas en una publicación de Facebook con emoticonos o rellenas un formulario en un sitio web, es muy probable que el código utilizado para realizar esa tarea implique JavaScript.

Tendrías que estar cómodo con la programación de HTML, CSS y PHP si te centras en JavaScript.

¿Para quién es?

Si ha estado dominando sus habilidades de desarrollo web en HTML y CSS, JavaScript es el siguiente lenguaje lógico para aprender porque es responsable del "comportamiento" de los elementos en un sitio web. Por ejemplo, JavaScript le dirá si hay un error al rellenar un campo en un formulario.

JavaScript también se está utilizando más allá de los navegadores web y se han estado expandiendo a aplicaciones móviles, software, hardware, etc., razón por la cual muchos programadores lo consideran un lenguaje de propósito general ahora.

### CoffeeScript

CoffeeScript hace las cosas un poco diferente que el resto de los lenguajes de programación de la lista. En lugar de compilar el código legible para el código de máquina, CoffeeScript compila el código en JavaScript.

¿Para quién es?

CoffeeScript existe para las personas que quieren codificar en JavaScript, pero no les gusta la sintaxis y las reglas implicadas. Tiene una curva de aprendizaje más fácil porque no tienes que escribir tanto código para hacer las cosas que quieres que haga el equivalente de JavaScript. Piense en ello como una combinación de algunas de las cosas buenas que Ruby y Python tiene para ofrecer, sin embargo, el resultado final sigue siendo JavaScript. Esto hace que la depuración en tiempo de ejecución un poco más difícil, pero hay un montón de recursos en línea disponibles y muchos de los editores de código interactivos y juegos (que voy a hablar en el capítulo 6) admiten CoffeeScript que sirve como una pequeña prueba de que este lenguaje existe para las personas que tienen dolores de cabeza con JavaScript.

## *Sql*

SQL (hace referencia al lenguaje de consulta estructurado) es un lenguaje que se comunica con un sistema de base de datos relacional.

Las consultas SQL hacen referencia a las instrucciones utilizadas en este idioma. Estas instrucciones se utilizan para realizar tareas como:

- Actualizar datos en una base de datos

- INSERTAR datos en una base de datos

- ELIMINAR datos de una base de datos

- SELECT (o recuperar) datos de una base de datos

Otros comandos como "Crear" y "Drop" también se pueden utilizar para realizar las tareas necesarias para modificar una base de datos.

Cada sistema de base de datos relacional contiene uno o más objetos denominados tablas. Al igual que las tablas que conoce de sus documentos y hojas de cálculo, hay columnas, filas, atributos y nombre de tabla.

A continuación se muestra una tabla de ejemplo denominada "Población" con las columnas tituladas ciudad, estado, mujer y masculino, mientras que las filas contienen los datos.

| Población | | | |
| --- | --- | --- | --- |
| Ciudad | Estado | Mujer | masculino |
| fénix | Arizona | 105 | 99 |
| Tucson | Arizona | 106 | 91 |
| Los Angeles | California | 73 | 88 |
| San Diego | California | 78 | 64 |
| Sacramento | California | 88 | 77 |

Según la tabla anterior, aquí hay ejemplos de cómo puede usar consultas SQL para obtener la información que necesita:

- SELECT femeninio Desde popularidad - muestra todos los valores almacenados en la columna denominada femenino de la tabla de datos denominada popularidad

- INSERTAR INTO población (ciudad, estado, mujer, hombre) VALORES ("Albuquerque", "Nuevo México", "102". "94". - En este ejemplo, se inserta una nueva fila en la tabla de población. Especifica las columnas donde se introducirán los nuevos valores.

- INSERTAR EN VALORES de población ("Albuquerque", "Nuevo México", "102". "94". - Este ejemplo es similar al anterior, excepto que no se especifican las columnas. Esto podría seguir funcionando, ya que los datos se introducirán en el orden en que escribió, pero no nombrar la columna puede dar lugar a errores cuando se trata de tablas complicadas.

Por supuesto, SQL no es tan simple como la tabla anterior. Otras consultas, DONDE... iguales, DONDE... Mayor que, ORDER BY, MAX AND MIN, GROUP BY, Table alias, Joins with WHERE y Nested queries (entre muchos otros) pueden ser muy complejos.

¿Para quién es?

SQL puede parecer un lenguaje limitado, pero en realidad puede ser bastante útil para una amplia gama de profesionales. Por ejemplo, los analistas de datos, los científicos de datos y los ingenieros de datos pueden usar SQL para organizar y evaluar datos (especialmente en proyectos con miles de datos). Esto también es cierto para los vendedores de Internet y los investigadores que manejan una gran cantidad de datos de pruebas A / B.

SQL se puede utilizar en la industria minorista, específicamente para los gerentes de productos que controlan el stock continuamente. Por supuesto, los programadores (desarrolladores de back-end/front-end, desarrolladores de aplicaciones móviles, desarrolladores de pilas completas, etc.) pueden usar SQL en su beneficio en cualquier proyecto en el que estén trabajando.

## C y C++

C es un lenguaje desarrollado por Dennis Ritchie para Bell Telephone en 1972. Originalmente se utilizó como un lenguaje para escribir sistemas operativos, ya que C no dependía de otros programas y no tenía que ser reescrito para hardware o sistema operativo. C también tiene una gestión de memoria eficiente, que permitió a los programadores controlar dónde, cuándo o cómo asignar/desasignar memoria.

A los programadores les encanta que C les da un montón de control y flexibilidad tanto que Ritchie trabajó con Ken Thompson un año después de su lanzamiento y reescribió la mayor parte del sistema operativo UNIX con C. En ese momento, los sistemas operativos se escribieron principalmente en ensamblado, lo que está perfectamente bien, pero produce programas que son capaces de ejecutarse sólo en ciertas CPU. Con el sistema operativo UNIX escrito en C, el sistema operativo se hizo fácil de recompilar incluso en varios tipos de equipos.

Cuando Dennis Ritchie y Brian Kernighan publicaron un libro titulado "The Programming Language" en 1978, se convirtió en una guía y estándar para C entre los programadores. Es decir, hasta que el American National Standards Institute lanzó el ANSI C (o formalmente conocido como el estándar C89) en 1983, C90 en 1990 y C99 en 1999.

En 1979, Bjarne Stroustrup desarrolló C++ en Bell Labs como una extensión (o actualización) a C, añadiendo características al lenguaje original. Ahora, C++ se utiliza en videojuegos, software integrado, procesamiento de audio y vídeo, aplicaciones de alta memoria, sistemas en tiempo real utilizados en la automatización diaria del transporte o en las producciones de fabricación.

¿Para quién es?

Muchos otros lenguajes, como .Net, Java y C, se derivaron de C/C++. Como tal, puede hacer una gran cantidad de proyectos (principalmente en el software del sistema) cuando usted es competente con C/C ++.

C es un buen lenguaje para empezar, si te tomas en serio una carrera de programación, ya que éste sigue algunos de los métodos de programación más tradicionales. Puede leer como extraterrestre una vez que comience sus lecciones de C, pero usted tiene que considerar que estos lenguajes han existido desde los años 80 y tienen futuras actualizaciones en 2020 y en adelante.

### Objetivo C

Objective-C ha existido desde los años 80, pero no se hizo popular de la noche a la mañana. Los programadores originales Tom Love y Brad Cox lo vendieron en 1988 a NeXT, que lo utilizó para el sistema operativo NeXTSTEP de la compañía. Sin embargo, Apple lo compró en 1996 y se convirtió en el principal lenguaje de programación para Mac OS X, así como el iPhone, iPod touch y iPad.

Objetivo-C es un superconjunto de C, lo que significa que este lenguaje de programación ha excedido las capacidades de su homólogo original. También significa que cualquier código que pueda escribir en C también se puede utilizar en programas de Objetivo-C sin necesidad de revisión o reescrituras.

Tenga en cuenta que no puede usar Objetivo-C en los programas C tradicionales debido a las características añadidas de Objetivo-C. De hecho, hay dos variantes específicas del Objetivo-C:

- **Objetivo-C++:** puede utilizar código C++ en aplicaciones de Objetivo-C
- **Objetivo-C 2** - Funciona de forma similar al Objective-C original, pero añade un par de características distintas como la administración de memoria automática.

¿Para quién es?

Si estás interesado en crear aplicaciones iOS, iPadOS o macOS, puedes mezclar Objetivo-C con Swift en tu código y crear un gran número de aplicaciones para productos Apple.

### *Java*

Java no está relacionado con JavaScript, incluso si suenan igual. Muchos de los principios de Java fueron construidos alrededor y mejorados de C++, excepto que Java es más fácil de usar.

Java es un lenguaje escrito estáticamente que permite a los programadores escribir instrucciones utilizando comandos basados en inglés (en lugar de códigos numéricos). Tiene un conjunto de reglas (llamada sintaxis) que tendrá que seguir, pero como es un tipo de lenguaje de "escribir una vez ejecutado en cualquier lugar", ha sido utilizado tanto por principiantes como por expertos.

Java ha existido desde principios de los años 90. Fue desarrollado para Sun Microsystems por James Gosling y su equipo para ser utilizado en dispositivos móviles de la época. Pero durante su versión de 1996, el propósito de Java 1.0 se ha trasladado a Internet y ha dado a los programadores una manera de crear páginas web animadas.

Hoy en día, Java se utiliza tanto en línea como fuera de línea, con alrededor del 90% de las empresas de Fortune 500 que utilizan aplicaciones basadas en Java para operaciones diarias. Los programadores prefieren usar Java principalmente porque se sabe que es altamente seguro, confiable, mantenible, estable y escalable.

¿Para quién es?

Java se utiliza en muchas aplicaciones, desde aplicaciones móviles hasta escritorio. Sin embargo, es más popular en aplicaciones de grandes empresas, así que no se sorprenda si un banco u hospital emplea a un desarrollador de Java internamente.

Java es beneficioso para cualquiera que tome ciencias de la computación.

Si no puedes elegir entre el desarrollo de aplicaciones móviles y las aplicaciones del mundo real, Java probablemente resolverá tu problema ya que también potencia muchas aplicaciones Android.

Necesitas ser paciente. Aunque Java tiene un montón de aplicaciones del mundo real, lo que significa que no se quedará sin proyectos que hacer y trabajos para solicitar, pero requiere mucho tiempo para dominar (en comparación con otros lenguajes de programación).

Oracle hace que el kit de desarrollo java se puede descargar e instalargratis, por lo que cualquiera puede empezar a escribir programas Java en casa.

### Python

Nombrado después de la serie de comedia "Monty Python," Python es considerado uno de los lenguajes de programación más fáciles de aprender, ya que no requiere plafólies 0s y 1s, sólo sintaxis simplificada que permite a los usuarios escribir comandos como Inglés.

YouTube, Dropbox y Yahoo Maps son solo algunas de las empresas que usan Python hoy en día.

Python también se centra en el espacio en blanco, lo que significa que no es necesario escribir miles de líneas de código solo para ejecutar un programa. También hay muchas bibliotecas de Python fácilmente disponibles que puede importar y usar como plantilla (o inspirarse) para comenzar un proyecto.

Python es el lenguaje de elección para la ciencia de datos, la ciberseguridad, el aprendizaje automático y la inteligencia artificial,por lo que empresas como Google y Disney lideran el paquete. Es un lenguaje de programación ideal para científicos que trabajan en proyectos de computación numérica, o programadores enfocados en marcos web y videojuegos.

Python es fácil de configurar. Sólo tiene que descargar e instalar el software desde https://www.python.org/downloads/,entonces usted puede comenzar a crear proyectos iniciales.

¿Para quién es?

Muchos expertos recomiendan Python a los programadores por primera vez porque el lenguaje enseña métodos altamente estructurados para escribir problemas y soluciones. Sin embargo, tenga en cuenta que al igual que otros lenguajes de programación "reales", la curva de aprendizaje es alta con Python, por lo que si viene de otro idioma, puede ser difícil cambiar inmediatamente.

Si usted está eligiendo un lenguaje de programación basado en una decisión de carrera, es bueno saber que los programadores especializados en Python ganan el segundo salario más alto en los EE.UU. (con los desarrolladores de Ruby como los #1 ganan).

### rubí

Creado en 1995 por Yukihiro "Matz" Matsumoto , Ruby es un lenguaje de uso general, lo que significa que son lo suficientemente flexibles como para hacer lo que quieras con él, desde hablar con una base de datos (como SQL), hasta crear aplicaciones basadas en web o ejecutar cualquier herramienta de Google.

Ruby se asocia generalmente con el marco de los carriles, por lo que la frase "Ruby en Rails" le resulta familiar. Esto se debe a que cuando se combinan, Ruby y Rails pueden transformar fácilmente una idea en una aplicación del mundo real.

Una lista de los sitios web más famosos que utilizan Ruby incluye Twitter, GitHub, Airbnb, Hulu, Zendesk, Shopify, Treehouse, Basecamp y Urban Dictionary, entre otros.

Algunos podrían decir que Ruby no es amigable para principiantes, pero en realidad lo es. Ruby no sólo tiene una sintaxis similar a otros lenguajes de programación populares como C++, Ruby también es muy flexible debido a estas razones:

- Sintaxis limpia y legible perfecta para codificadores principiantes. Los comandos suelen ser autoexplicativos

- Funciones integradas de Ruby, que los desarrolladores principiantes pueden usar directamente en sus scripts de Ruby

- enlace en HTML y vinculado a Oracle, Sybase, MySQL y DB2

- Se puede instalar en Windows

- Es útil en la creación de aplicaciones para la intranet y el Internet

- Altamente escalable - empezar pequeño, antes de ir a lo grande

- Soporta una gran cantidad de herramientas GUI como OpenGL, GTK o Tcl/Tk.

¿Para quién es esto?

Ruby es ideal tanto para principiantes como para programadores avanzados. Tiene una comunidad activa de más de 3.500 colaboradores en GitHub,y su "magia" continua para sorprender a las empresas y codificadores por igual.

Esta magia de Ruby irónicamente es también el número 1 quejarse entre sus usuarios - es demasiado potente que una simple línea de código puede convertir un proyecto en una aplicación totalmente funcional sin que usted entienda cómo resultó de esa manera. Como tal, se recomienda para principiantes sólo si te unes a una comunidad que puede ayudarte a resolver las cosas, o un mentor para explicarte Ruby "mágico". Si usted es un autoaprendizaje, considere esto una advertencia.

## C #

Desarrollado por Anders Hejlsberg y su equipo para Microsoft, C- solía ser llamado un Java clone debido a su similitud con el lenguaje de programación más popular Java cuando fue lanzado en junio de2000. Hoy en día, el lenguaje de programación es ampliamente utilizado en diferentes industrias y aplicaciones.

En la industria del desarrollo de juegos 3D, se utiliza más popularmente en la industria de desarrollo de juegos en 3D, pero también se utiliza en la creación de sitios web dinámicos. Las características adaptadas de Java y C++ y C++, a continuación, las despojaron con características problemáticas, como la eliminación de varias herencias, plantillas y macros. Lo que quedó de C- es un lenguaje simple, más limpio, moderno y altamente eficaz caracterizado por dos potentes características: recolección automática de basura y seguridad de tipos.

Durante su lanzamiento, Microsoft estaba tan seguro de que C- se convertirá en un lenguaje de programación popular. Y lo hizo. 20 años más tarde, C-C sigue siendo un idioma líder

¿Para quién es esto?

Es muy flexible, por lo que es una buena opción como lenguaje de inicio para crear aplicaciones de terceros para Windows, aplicaciones web, juegos y otros programas.

Y ya que se deriva principalmente de otros lenguajes de tipo C como Java, C/C++, ser fluido en C- también significa que aprenderás los otros lenguajes tan rápidamente.

Si estás tratando de jugar con Unity, el motor de juegos más popular del mundo, y crear juegos como RimWorld, dominar C' es una ruta digna de tomar.

### *veloz*

Swift es un lenguaje de programación muy querido por los desarrolladores de Apple. Swift fue desarrollada por Apple Inc. para iOS, iPadOS, macOS, watchOS, tvOS, Linux, y z / OS como un lenguaje mucho más rápido y limpio en comparación con otros lenguajes escritos estáticamente antes de él.

Swift es más nuevo que otros lenguajes utilizados en el desarrollo de iOS, iPadOS y macOS, por lo que Swift puede trabajar con los marcos Cocoa y Cocoa Touch de Apple, así como con los códigos Objective-C ya existentes escritos para los productos de Apple.

¿Para quién es?

Swift es perfecto para aquellos interesados en crear aplicaciones para iOS, macOS, watchOS y tvOS o utilizar con cualquier producto de Apple (ya sea para Mac o dispositivos móviles). También es ideal para principiantes, no solo porque Swift lee de cerca el inglés, sino también porque XCode comprueba si hay errores automáticamente antes de crear tus aplicaciones.

### Kotlin

Kotlin es un lenguaje de programación de código abierto basado en la máquina virtual Java. Kotlin ganó una amplia atención en toda la comunidad de desarrolladores cuando Google anunció en mayo de 2019 que Kotlin es el idioma preferido para los desarrolladores de Android.

¿Para quién es?

Kotlin no está diseñado para ser un reemplazo directo a C + + y Java para el desarrollo de Android, pero con Google dando al lenguaje su bendición completa, nuevos desarrolladores de Android también podrían ir de vanguardia sabiendo que este lenguaje será compatible durante años y tiene un curva de aprendizaje más suave también. Java es un lenguaje de envejecimiento y aunque ha envejecido bastante bien, Kotlin tiene como objetivo reducir la cantidad de programación necesaria para realizar operaciones. Los desarrolladores de Java existentes también tienen una transición fácil a Kotlin porque Java y Kotlin pueden coexistir dentro del mismo proyecto.

### Rust

¿Pensaste que los lenguajes de bajo nivel están muertos? Conoce a Rust, uno de los lenguajes de programación algo más nuevos en el bloque y desarrollado por la Fundación Mozilla (Sip esos chicos de Firefox!). Es como una reencarnación del lenguaje C++ pero con algunas mejoras interesantes sobre los lenguajes existentes.

¿Para quién es?

Al igual que otros lenguajes de programación de bajo nivel, Rust tiene una huella de memoria muy baja, lo que lo hace más rápido que Java y eso es realmente lo que puede esperar, ya que las declaraciones menos similares al inglés son aparentemente más fáciles de traducir al código de la máquina. Al mismo tiempo, también aborda algunas de las debilidades de los lenguajes de bajo nivel C y C++ envejecido como la seguridad. Básicamente, Rust tiene una gran cantidad de medidas de seguridad para garantizar que su programa no se encuentra con ningún error grave en tiempo de ejecución. Debido a la baja huella, puede considerar Rust para desarrollar programas para dispositivos integrados y aplicaciones web. El Rust complejo es bastante pequeña, pero en crecimiento, de modo que esta es una buena oportunidad para aprender algo que mucha gente no sabe todavía y una buena oportunidad para destacar especialmente si tienes un pequeño fondo en C o C ++.

## Envolver

Los lenguajes de programación anteriores son sólo los más utilizados. Estas son sólo la punta del iceberg.

Para terminarlo, hice un gráfico para guiarte en función del tipo de proyecto que quieras hacer (o ruta de carrera que deseas tomar) y qué lenguajes de programación podrían ayudarte a lograr tu objetivo.

| Lengua | NIVEL DE HABILIDAD | TIPO DE PROYECTOS | DISPONIBILIDAD DE SOPORTE | DISPONIBILIDAD DE LOS CUIDADOS |
|---|---|---|---|---|
| Html | Principiante para avanzar | Sitios web estáticos, desarrollo de juegos | Toneladas de foros, libros, expertos y comunidades | Desarrollador web |
| Css | Principiante para avanzar | Sitios web estáticos, gráficos | Toneladas de foros, libros, expertos y comunidades | Diseñador web/diseñador gráfico |
| Php | Intermedio para avanzar | Sitios web dinámicos, sistemas de gestión de contenido, aplicaciones sencillas | Toneladas de foros, libros, expertos y comunidades | Diseñador web, desarrollador de aplicaciones, desarrollador de WordPress |
| Javascript | Principiante para avanzar | Sitios web dinámicos, aplicaciones basadas en web, aplicaciones móviles, aplicaciones de escritorio, | Toneladas de foros, libros, expertos y comunidades | Desarrollador web front-end, desarrollador de pila completa, especialista en automatización de control de calidad, |

| | | desarrollo de juegos, gráficos digitales, robótica, servidores web | | administrador web, desarrollador de aplicaciones, desarrollador de software |
|---|---|---|---|---|
| CoffeeScript | Principiante a intermedio | Desarrollo web y de juegos | Suficientes foros, libros y comunidades disponibles. | Desarrollador web front-end, desarrollador de pila completa, especialista en automatización de control de calidad, administrador web, desarrollador de aplicaciones, desarrollador de software |
| Sql | Intermedio para avanzar | Análisis de datos, ciencia de datos, desarrollo de aplicaciones móviles, pruebas A/B, investigación de marketing en Internet | Suficientes foros, libros y comunidades disponibles. | SQL Developer , administrador de la base de datos |
| C y C | Principiante para avanzar | Videojuegos, aplicaciones de oficina, aplicaciones financieras, sistemas en tiempo real, software de audio y vídeo, software integrado | Toneladas de foros, libros, expertos y comunidades | Programador C/C++, desarrollador de videojuegos, programador de software |
| Objetivo-C | Intermedio para avanzar | Aplicaciones para iOS,iPadOS y macOS (aplicaciones Apple) | Suficientes foros, libros y comunidades disponibles | Desarrollador de aplicaciones móviles, programador de macOS |
| Java | Intermedio para avanzar | Aplicaciones de nivel empresarial, | Toneladas de foros, libros, expertos y | Desarrollador web y empresarial de |

| | | aplicaciones móviles Android | comunidades | J2EE, desarrollador de aplicaciones móviles, |
|---|---|---|---|---|
| Python | Principiante para avanzar | Juegos basados en texto y 2D, inteligencia artificial, automatización | Suficientes foros, libros y comunidades disponibles | |
| rubí | Principiante para avanzar | Automatización, scripting, aplicaciones de Internet e intranet, servidores web, | Código abierto, lo que significa una gran cantidad de recursos disponibles similar al Tutorial de rieles de Mike Hartl. | Ruby on Rails, desarrollador de Rails, |
| C # | Intermedio para avanzar | Aplicaciones móviles, desarrollo de juegos en 3D | Toneladas de foros, libros, expertos y comunidades | Desarrollador de juegos, Programador de software, desarrollador de aplicaciones móviles |
| veloz | Intermedio para avanzar | Aplicaciones para iOS,iPadOS y macOS (aplicaciones Apple) | Suficientes foros, libros y comunidades disponibles | Desarrollador de aplicaciones móviles, programador de Apple, |
| óxido | Intermedio para avanzar | Sistemas integrados, aplicaciones web | Apoyo creciente en IDE y comunidades | Desarrollador web |

Como principiante, no tiene sentido preguntar a la gente cuál es el mejor lenguaje de programación porque la respuesta que obtengas siempre será subjetiva. Es decir, el mejor idioma para tu amigo Joe puede ser Objective-C y Swift ya que está obteniendo ingresos pasivos de las aplicaciones de iOS/Apple. Si estaba planeando centrarse en el desarrollo web, escuchar a Joe no le ayudará a desarrollar habilidades en la creación de páginas web estáticas o dinámicas.

Una ventaja de ser un principiante es que se puede elegir un lenguaje de programación basado en cuánto te gusta trabajar en él. Por ejemplo, si inició un proyecto personal con HTML, puede cambiar a otro idioma si odiaba cada bit de código HTML. Puedes saltar lenguajes hasta que encuentres el que realmente disfrutará sobra escribiendo código más y te sientas más cómodo con, luego vas desde allí.

En los siguientes capítulos, profundizaremos en las fases preparatorias de la programación y luego construiremos un sitio web completamente funcional utilizando las herramientas preparadas. No te sientas intimidado porque este es el tipo de cosas con las que los principiantes comienzan.

# CAPÍTULO 3

## COMIENZA CON LA PROGRAMACION

A hora que digeriste todos los términos básicos y algo nerds asociados con la programación, la programación y el desarrollo de software, es hora de pasar a la etapa preparatoria de tus ambiciones de programación. ¿Qué necesito para empezar? ¿Cómo practico la programación? Mi objetivo es responder a estas preguntas en este capítulo.

### Preparación de su visión

Piense en por qué quería aprender a codificar en primer lugar. Para mucha gente, es porque quieren hacer algo que aún no existe. Otros pueden querer hacerlo porque saben que los desarrolladores de software son trabajos bien pagados y resultan ser altos en demanda por parte de las empresas tecnológicas y no tecnológicas por igual. Identifique lo que le impulsa y luego comience a buscar fuentes de inspiración que lo animen a concentrarse en sus metas. Para un codificador, una inspiración sería algo así como trabajar para Apple o construir el próximo competidor de Twitter. O tal vez sólo quieres construir una cartera de sitios web. Identificar su visión es necesario para orientarlo hacia las herramientas adecuadas. Como si quieres involucrarte con la inteligencia artificial y jugar con robots, Python es un buen lenguaje de partida y tiene mucha flexibilidad. Si quieres construir la próxima adicción a Candy Crush, tendrás que centrarte en las aplicaciones móviles y aprender Swift, Objective-C, Kotlin y Java.

¿Sabes cómo los fabricantes de automóviles comprarían sus coches competidores para que puedan estudiar cómo están diseñados? En realidad, deberías hacer lo mismo en el mundo del software. Ve a descargar algunas aplicaciones, programas y juegos (si planeas desarrollar juegos) y estudia sus características e interfaces de usuario. Averiguar los factores de conducción que hicieron de la aplicación o el juego un éxito rotundo. También debe comprobar si la aplicación es de código abierto o de código cerrado porque las aplicaciones de código abierto le permiten acceder a los códigos no compilados que pueden ayudarle a descubrir qué enfoques hicieron los desarrolladores para codificar el programa. La idea de probar y recopilar estos programas es averiguar qué mejoras se pueden hacer. Anote esas ideas a su algoritmo o diagrama de flujo o software de diagrama de flujo

## Preparación de la estructura de su programa

En la primera parte del primer capítulo, mencioné la importancia de crear algoritmos y diagramas de flujo. No es un requisito absoluto, por supuesto, y usted puede ser capaz de salirse con la suya haciendo una pieza rápida de software sin pasar tanto tiempo en la fase de planificación, pero por el bien de la eficiencia y no perder tanto tiempo tomando múltiples viajes de vuelta a la mesa de dibujo , usted debe llegar a una estructura sólida de su programa. Correr directamente al editor de código sin un plan sería como tratar de construir una casa sin un plano. Los algoritmos y diagramas de flujo no tienen que ser un solo asunto nocturno; usted debe tomarse el tiempo para estudiarlos e identificar posibles puntos de dolor o áreas que pueden causar conflictos. Dependiendo del tamaño de su visión, una sola mente puede no ser suficiente para ejecutar todo tipo de escenarios de caso. Deje que otras personas o tal vez amigos echar un vistazo a su diagrama de flujo y algoritmo para que pueda obtener sus perspectivas de usuario.  Si usted no siente que la estructura carece de pulido, no apresure las cosas porque darse cuenta de que hay un problema durante la fase de programación puede causar un mundo de problemas.

## Preparación de su hardware

Lo realmente genial de la programación es el hecho difícil de que no necesitas un ordenador elegante para empezar. Incluso un antiguo portátil Windows XP puede ser capaz de codificar siempre y cuando instale el software adecuado. Por supuesto, su kilometraje se reducirá en gran medida con hardware de gama baja, así que voy a recomendar algo un poco más de terreno intermedio mientras mantiene las cosas económicas. ¡La programación no es de ninguna manera una gran inversión! Su elección de hardware depende de dónde pasará el tiempo codificando en su mayor parte. Así que vamos a llegar a estos escenarios estilo condicional!

### Si usted es un habitante del hogar y/o de la oficina

Las computadoras de escritorio siguen siendo las mejores estaciones de trabajo de programación y es bastante fácil explicar por qué. Los componentes móviles y los chipsets tienden a ser más caros y los potentes portátiles de hoy en día son muy delgados con ingeniería sofisticada. También tienen componentes que no se encuentran en escritorios como trackpads, teclados y baterías. Bang-for-the-buck puede importar mucho si usted va a entrar en la programación seria porque los procesadores de escritorio no sólo son más baratos, pero son más potentes y no se ponen tan calientes como resultado de un rendimiento realmente bueno. El rendimiento es absolutamente importante cuando se está compilando un programa, utilizando un intérprete o depurador, ejecutando un programa complicado.

Entonces, ¿cuál es el mejor procesador para elegir? O más específicamente, ¿cuál es la mejor combinación de especificaciones de escritorio a tener en cuenta? La respuesta es bastante fácil cuando se trata de programación y ni siquiera tienes que preocuparte por la marca. Para la elección de LA CPU, cuantos más núcleos, mejor. Cuanto mayor sea la velocidad del reloj (en GHz), mejor. Si está atascado en la selección entre Intel y AMD, vaya con el que tiene el precio más bajo. Si se está ejecutando en Windows 10, al menos debería tener 8 GB de RAM o de lo contrario la programación podría no ser tan divertido ya que Windows 10 tiende a comer un trozo significativo de su RAM sin nada en ejecución y probablemente necesitará una pestaña del navegador o dos abiertos seguidos de cualquier IDE o editor de código fuente que planea usar. Más RAM significa que su sistema es menos propenso a empantanar hacia abajo cuando tiene un montón de aplicaciones que se ejecutan al mismo tiempo. Por último, el sistema operativo y todo el software implicado en la programación deben residir en una unidad SSD o de estado sólido en lugar de en una unidad de disco duro tradicional. La programación pondrá su disco duro a trabajar y puede esperar una gran cantidad de operaciones de E/S al compilar código para que no desee ser ralentizado por un disco magnético giratorio. Si todavía no se siente seguro de qué elementos internos necesita para su computadora de escritorio, simplemente compruebe los requisitos del sistema de las herramientas de programación que va a utilizar. Visual Studio 2019 recomienda un procesador de cuatro núcleos con 8 GB de RAM. Quad-core significa básicamente cualquier procesador moderno Core i3 o AMD Ryzen lanzado en 2019 o mejor y probablemente no necesitará una actualización en cualquier momento pronto.

El siguiente componente clave de una estación de trabajo de programación es el monitor. Un ordenador moderno tiene una resolución de pantalla de 1366x768. Puede ver cómo se ve a continuación en 100% de escalado.

No se ve tan mal. Con un tamaño de fuente de 11, puede ver alrededor de 27 líneas de código en una pantalla maximizada y hay un poco de espacio para una barra lateral o panel lateral que se puede encontrar en muchos IDE y entornos de programación. EmEditor es más en el lado de edición de código fuente y es bueno para los principiantes, pero cuando se factor en cosas como probar el código, que va a desear tener un poco más de espacio en pantalla. Tener una pantalla Full HD o una resolución de 1920x1080 es una gran actualización y bastante barato gracias a la llegada de las pantallas 4K. Pero, ¿podrías ir más allá de 1080p? ¿Sería 4K una sabia elección? Si eres un principiante, 4K es un desperdicio a menos que planees usar el escalado de fuentes que hará que los personajes sean mucho más suaves. El verdadero ganador es utilizar varias pantallas.

Un par de pantallas 1080p harán un mundo de diferencia incluso si usted es un programador principiante. Iría tan lejos como decir que es mucho mejor que esas pantallas ultra anchas que a los fanáticos de las hojas de cálculo les encanta. No necesita una pantalla ultra ancha ya que los codificadores generalmente necesitan más espacio en pantalla vertical. Pero con dos pantallas y configurado en modo de "escritorio extendido", puede tener una pantalla completa dedicada a su entorno de programación y otra pantalla para otro entorno de programación si le gusta hacer varios proyectos o administrar diferentes secciones de código o puede abrir su navegador para la investigación o su diagrama de flujo o cualquier cosa que sólo desea arrastrar allí en su tiempo libre. Si usted tiene el equipo de soporte de monitor adecuado, incluso puede hacer una disposición vertical de las pantallas para que pueda tener una muy buena pantalla de bienes raíces para su IDE. Pero si no quieres involucrarte con las monturas VESA personalizadas, hay otro truco realmente amigable para principiantes a considerar especialmente si planeas comprar un par de monitores muy pronto -obtener un par de monitores que tienen la capacidad de rotar. La idea es tener ambos monitores en vista vertical para que su resolución sea una resolución fresca de 2160x1920.

El siguiente es el teclado y esto te sorprenderá si has estado atascado con el mismo teclado de $10-$20 durante los últimos años. Incluso puede que incluso se sienta bastante cómodo machacando a 60-70 palabras por minuto y no pensando en "arreglar lo que no está roto". Pero hazte un favor y prueba un teclado mecánico tan pronto como tengas el presupuesto. No dejes que el embalaje de estos teclados te engañe porque los teclados mecánicos no son solo para jugadores. De hecho, la razón por la que los jugadores juran su lealtad a estos teclados es el hecho de que son súper confiables para el uso pesado y las pulsaciones de teclas simplemente se registran con mayor precisión por lo que es menos probable que usted cometa errores y estoy seguro de que usted sabe por ahora que un simple tipo de codigo puede conducir a una salida no deseada al compilar y ejecutar el programa. Comprar un teclado mecánico podría ser como ir a un mundo diferente si nunca los has usado antes. Esto se debe a que hay muchas buenas marcas para elegir entre una variedad de tipos. Hay algunos modelos de teclado que se ven exactamente iguales pero tienen diferentes "interruptores". Sin entrar en detalles profundos, usted va a querer un teclado mecánico que utiliza interruptores azules porque las teclas son muy táctiles y se puede escribir más rápido con menos esfuerzo en comparación con un teclado domos de goma tradicional. El principal inconveniente es que estas teclas producen un ruido clicky bastante fuerte. Si eso es molesto que podría conformarse con un teclado mecánico con interruptores marrones. También recomiendo que revise sus tiendas locales para que pueda probarlas usted mismo y ver qué teclado prefiere personalmente para la programación. Pero puedo garantizar que los teclados mecánicos en general mejorarán enormemente su experiencia de programación. Pero si no son su taza de té, todavía hay un montón de otros buenos teclados no mecánicos por ahí. ¡Codificar en un teclado ergonómico o cómodo también puede considerarse una actualización sobre uno genérico!

### Si eres un Guerrero del Camino

Elegir un portátil orientado a la programación va a ser un poco más complicado ya que prácticamente todos los portátiles vienen con cada uno de sus propios compromisos. Realmente va a reducirse a la preferencia y qué fortalezas de un ordenador portátil que realmente necesita e incluso entonces todavía puede tener una gran cantidad de ordenadores portátiles para elegir. Pero con esta guía, usted debe ser capaz de reducir su selección hasta el punto de que todos los candidatos restantes son ganadores. ¡Prepara tu lista de verificación!

Obviamente desea abordar la portabilidad primero, ya que esa debe ser la razón por la que desea considerar un ordenador portátil en primer lugar. Un portátil más pesado a menudo significa de servicio pesado, mientras que un portátil más ligero significa más fácil de viajar a expensas de la flexibilidad en términos de manejo de aplicaciones de programación y programación. Conseguir lo mejor de ambos mundos puede quemar un gran agujero en su billetera. ¿Sigues perdido? Aquí está mi toma.

Si ya tienes una computadora de escritorio bastante potente como tu estación de programación principal y haces algunos viajes ocasionales, estás mejor con un Ultrabook o un portátil delgado y ligero. Sacrificas un poco en la potencia de la CPU y la experiencia de escritura, pero ganas en la duración de la batería y la portabilidad. El segundo es generalmente más útil para la computación móvil, mientras que el primero tiene algunas soluciones. No todos los entornos de programación tienen los mismos requisitos del sistema que Visual Studio 2019 y, además, muchas de las herramientas de programación se están moviendo hacia la nube para que pueda codificar directamente en la comodidad de su explorador web. Todo lo que realmente necesita es una buena conexión a Internet. El uso de servicios de almacenamiento en la nube como OneDrive y Dropbox también hace que sea conveniente acceder a los proyectos que almacenaste en tu PC. Por último, puede confiar en la antigua tecnología de la edad de escritorio remoto donde se puede controlar el equipo de forma remota a través de su conexión a Internet móvil y hacer un poco de programación allí. Al igual que recomendé en la sección Inicio y / o Office Dweller, usted debe obtener un ordenador portátil con al menos 8 GB de RAM y un SSD por lo que no se dará cuenta del impacto de rendimiento al pasar de un escritorio a un Ultrabook con una CPU de bajo voltaje.

Si usted tiene un ordenador portátil envejecido y sin escritorio y desea prepararse con todas las plataformas de programación modernas, usted debe considerar un ordenador portátil con un procesador TDP de 45 vatios. Intel domina prácticamente esa categoría para que pueda comprar de forma segura cualquier procesador Core con un sufijo "H". Incluso los modelos lanzados en 2017-2018 funcionan más rápido que los ultra-libros de hoy en día porque tienen mucho más espacio para las velocidades turbo y son mucho más gruesos abriendo más espacio para un sistema de refrigeración confiable. Si eso es demasiado técnico y no te importa llevar algo pesado y llamativo, simplemente busca cualquier portátil de juegos moderno. No sólo obtendrá algunas especificaciones asesinas en todo el tablero, sino que también obtendrá un teclado bastante agradable como teclados portátiles de juegos tienden a ser mucho mejor en general sobre los Ultrabook. Además, también son mucho más flexibles en caso de que quieras usar Photoshop de vez en cuando o tus aplicaciones favoritas para diseñar interfaces de usuario y activos para tu programa.

No importa qué tipo de portátil que va a obtener, tener 8 GB de RAM junto con un SSD y una pantalla 1080p debe ser los tres elementos esenciales a tener en cuenta. Si realmente tienes un presupuesto ajustado, la pantalla 1080p debería ser tu mínima. A continuación, asegúrese de que puede actualizar su RAM y almacenamiento, ya que hay varios portátiles delgados y ligeros de presupuesto que tienen piezas soldadas y, por lo tanto, no son actualizables. Si el portátil viene en sabores de pantalla táctil y no táctil, vaya con el que no tiene una pantalla táctil, incluso si planea hacer desarrollo móvil porque las aplicaciones de programación y los IDE generalmente no están optimizados para el tacto. Tampoco necesitarás una GPU discreta a menos que planees editar video en tu laptop.

## Preparación de su software

Voy a continuar con mi objetivo en asegurarse de que comience con la programación con la menor inversión posible y no hay mejor manera de hacerlo que sugerir herramientas de software gratuito. Hay una gran cantidad de información gratuita aunque es un poco disperso, pero para eso es este libro así que siga leyendo y descubra por qué incluso las herramientas gratuitas han crecido hasta ser realmente poderosas para los codificadores principiantes. Debido a que los siguientes capítulos se centrarán en la programación HTML y CSS, el software que recomendaré le ayudará a probar los fragmentos de código de ejemplo.

### Software Flowcharting

Dibujar un diagrama de flujo es fácil, pero si desea presentar un flujo de programa bastante complicado de la manera más limpia posible o simplemente desea ordenar sus pensamientos y algoritmo de una manera amigable, debe utilizar un software de diagrama de flujo. Si usted tiene una conexión activa a Internet, entonces tengo algunas buenas noticias; usted no tiene que instalar ningún software de diagrama de flujo en absoluto! Sólo dirígete a http://www.draw.io y puedes empezar inmediatamente con la ilustración. Draw.io tiene una interfaz cuadricula y es bastante fácil de aprender, ya que las formas de diagrama de flujo están disponibles en la barra lateral. Conectar las formas con flechas es bastante sencillo. Puedes guardar tu trabajo en Google Drive, OneDrive, Dropbox y algunos repositorios de código o puedes guardarlo directamente en tu ordenador. Incluso hay una opción "Sin conexión" para que pueda desactivar su Internet sin temor a que la aplicación basada en la web interrumpa su flujo de trabajo. Lo que hace que los editores basados en la web sean tan geniales es que son compatibles con cualquier sistema operativo con un navegador que incluye Chrome OS que alimenta Chromebooks y PCs de gama baja pueden diseñar diagramas de flujo. Si desea una solución sin conexión pura, siempre puede probar LibreOffice – Draw, que es una alternativa gratuita de código abierto a la aplicación más pulida pero de pago Microsoft Visio.

### Herramientas de desarrollo web

C++ es un gran lenguaje de programación para entender los conceptos básicos de la programación, pero si quieres ir de la manera más rápida posible, da a HTML una oportunidad porque hay un sandbox útil y gratuito (con anuncios) para colocar códigos HTML llamados https://htmlcodeeditor.com. La interfaz de usuario no es muy elegante, pero tiene una vista previa en vivo para que pueda jugar con los diferentes códigos y ver el resultado final en tiempo real. No tienes que esperar a que se compile nada aunque estés restringido al código HTML clásico puro. La compatibilidad con CSS solo está disponible en la versión de pago.

Si desea una solución gratuita que puede instalar en su ordenador Windows, dar openElement una oportunidad. Esta herramienta de creación web impulsada por chromium ha existido durante varios años y está lista para el mundo del desarrollo web moderno con soporte para HTML5 y CSS3. Incluso viene con un servidor local para que pueda probar scripts PHP. Si la interfaz de usuario de openElement es demasiado ruidoso para sus gustos, considere probar KompoZer en su lugar. Puede ser descontinuado, pero es una de las pocas herramientas de desarrollo web amigables que soportan plataformas Windows, Mac y Linux.

### Editores de código fuente

Si va a tomar la ruta nómada y hacer un poco de programación sin procesar pura o va a probar IDE de lujo, siempre ayuda tener al menos un editor de código fuente instalado en su ordenador. Los editores de código fuente generalmente no son aplicaciones pesadas por ningún tramo y los principiantes no tienen ninguna razón para ir por cualquier software de pago sobre los gratuitos. Sólo tienes que ir a instalar Bloc + + + y verá exactamente lo que quiero decir. Además de la compatibilidad completa con HTML para el resaltado de sintaxis, Notepad++ admite más de una docena de otros lenguajes de programación. Para una alternativa más elegante pero todavía libre, debe probar Sublime Text y tiene versiones de Mac y Linux también además de Windows. La interfaz de tema oscuro debe combinarse bien con sus temas de modo oscuro y tiene una interfaz de usuario altamente personalizable.

Si necesita compatibilidad con depuración y otras campanas y silbatos, pruebe Microsoft Visual Studio Code. Microsoft es uno de los grandes campeones del código abierto en esta era informática moderna y, como resultado, obtienes soporte para toneladas de lenguajes desde C++ hasta Ruby y TypeScript. Incluso ofrece una característica llamada refactorización de código que reorganiza sus instrucciones para que se vean mejor sin alterar sus funciones previstas.

### *Idus*

Una vez que esté listo para avanzar más allá de HTML, Python debe ser su próxima parada, ya que es uno de los lenguajes de programación modernos más fáciles de aprender. Para empezar rápidamente, considere la posibilidad de probar PyCharm que es un IDE que incluso los profesionales usan. La característica de asistencia inteligente ayuda con la depuración, mientras que la extensa documentación puede guiarle a través de las diferentes características para que pueda ejecutar y probar aplicaciones web. JavaScript, TypeScript, CoffeeScript, HTML, CSS y otras tecnologías son compatibles con este IDE. Si desea expandirse más allá de HTML y CSS y sumergirse en JavaScript, Java y PHP, instale Apache NetBeans IDE. Google incluso tiene su propio IDE llamado Android Studio sirviendo como el IDE principal para el desarrollo de aplicaciones móviles Android con Kotlin como el idioma principal.

### Extensiones del navegador

En el momento de escribir, Google Chrome es el navegador web más popular en el mundo en este momento. Se ha convertido en tan ampliamente utilizado que Microsoft construyó su próximo navegador Edge utilizando la misma tecnología que utiliza Chrome – Chromium. Ser el número uno por lo general significa que los desarrolladores son más propensos a construir extensiones de navegador para Chrome y eso explica por qué hay varias herramientas que pueden ayudar a los aspirantes a desarrolladores y diseñadores web. Antes de entrar en esas herramientas, usted debe saber que Chrome tiene su propia función de herramientas de desarrollo que se puede traer al ir al menú de Chrome, y luego "Más herramientas", y finalmente "Herramientas de desarrollo". Esto solo está disponible en versiones no móviles de Chrome. El panel que aparece puede parecer intimidante al principio, pero puede usar el botón selector de elementos (el botón que tiene una flecha) para centrarse en el elemento e inspeccionar el CÓDIGO HTML y otro código subyacente. Es una herramienta bastante ingeniosa para enseñarte a ti mismo cómo usar diferentes códigos HTML y CSS para obtener lo que ves actualmente en la pantalla.

Si quieres agudizar tus habilidades CSS, puedes obtener muchas ideas instalando la extensión CSS Viewer Chrome. Es una versión mucho más limpia de las herramientas de desarrollo, ya que muestra una lista muy amigable de todos los atributos CSS a los que apunta el ratón.

Wappalyzer es otra extensión de Chrome ingeniosa que se puede ejecutar convenientemente en cualquier sitio web. Una vez ejecutado, verá una lista de todos los servicios y marcos populares en los que se basa el sitio. Esto es bueno si desea construir un sitio web que está inspirado en el que vio o si desea tener una mejor idea de por qué un sitio en particular eligió este marco en particular.

### Otro Freeware útil

La programación puede ser increíblemente agotador, especialmente si no ves ningún final a la vista con tu proyecto. Es totalmente posible que los codificadores obtengan "bloque de codificador" de la misma manera que los escritores obtienen sus momentos de bloqueo de escritor. Una forma de evitar que estas cosas sucedan es divertirse y encontrar maneras de motivarse y Habitica intenta hacer que la programación sea divertida y motivadora. Se necesita el enfoque de gamificación que básicamente está haciendo que toda la experiencia de programación se sienta como un juego de rol donde tienes un avatar virtual y "subir de nivel" mediante la realización de tareas de programación y los hitos establecidos por usted.

Otra cosa con la que algunos programadores tienden a tener problemas es tratar con múltiples plataformas. Linux sigue siendo un gran sistema operativo para codificar, pero reiniciar el equipo y encender Linux en una partición diferente realmente no hace una transición suave. Si tiene 8 GB de RAM o más, puede instalar una máquina virtual como VirtualBox o VMWare Player para que pueda ejecutar Windows (o Mac) y Linux simultáneamente. ¿Recuerdas cómo te dije que es mejor tener dos pantallas? Bueno, imagina tener Windows y Linux en diferentes pantallas desde el mismo ordenador.

Cuando se encuentra con problemas relacionados con las matemáticas, se puede utilizar una aplicación de calculadora muy flexible llamada SpeedCrunch. A diferencia de las calculadoras científicas ordinarias, SpeedCrunch ofrece un cuadro de texto similar a una línea de comandos donde puede escribir sus propias ecuaciones matemáticas. Es compatible con una gran cantidad de funciones y lo mejor de todo, es de código abierto. Siempre es divertido ver el código fuente de una sofisticada aplicación de calculadora.

Si usted tiene un gran proyecto de programación para manejar que puede implicar a varias personas trabajando en él, un diagrama de flujo del programa puede no ser suficiente. También es necesario crear un sistema que realice un seguimiento del estado del proyecto y el estado de las diferentes áreas en las que trabajan diferentes personas. El uso adecuado y responsable de las herramientas de gestión de proyectos garantiza que su proyecto de programación no pierda el foco de su visión de principio a fin. También mantiene su proyecto bajo control registrando constantemente lo que se ha hecho y proporcionando una hoja de ruta sobre lo que hay que hacer y qué papel deben desempeñar las personas involucradas para que se cumplan los objetivos iniciales. Trello es una buena herramienta de gestión de proyectos para principiantes para probar porque la interfaz de la tarjeta de arrastrar y arrastrar es bastante simple y las características gratuitas son suficientes para soportar proyectos bastante grandes. No se centra directamente en la programación y el desarrollo de software, ya que se puede utilizar prácticamente como una herramienta de gestión de proyectos para otros entornos de trabajo, pero ofrece cierta integración con repositorios de código fuente populares, incluyendo GitHub, Bitbucket y GitLab.

# CAPÍTULO 4

# CONSTRUYE UN SITIO WEB DESDE CERO CON HTML

Bienvenido al capítulo donde finalmente puedes poner todos tus preparativos a buen uso. Si te tomaste todo en serio en el capítulo anterior, ya deberías saber a qué lenguajes de programación debes atenerse. Debido a que hay tantos lenguajes de programación, es imposible cubrir cada uno y ofrecer consejos de nivel principiante. Ejemplos anteriores con C+ y lenguaje ensamblador y conocer estos lenguajes tienen sus beneficios, pero para una era moderna, decidí cambiar el ritmo a HTML y CSS porque es un lenguaje de programación muy simple para aprender y se puede hacer una idea de los muchos conceptos de programación discutido s anteriormente. Estos consejos están en el lado elemental, pero una vez que los dominó, usted debe ser capaz de entender mejor la lógica del flujo del programa y las estructuras de datos y utilizar ese conocimiento para probar otros lenguajes de programación.

HTML y CSS "hablar con" navegadores web cómo desea que se muestre su contenido. Internet ha pasado por muchos cambios desde sus inicios, pero HTML se ha mantenido prácticamente igual, lo que es bueno para los desarrolladores web que utilizaron HTML para crear sitios web.

Imagine cuántos sitios necesitan actualizarse si HTML seguía cambiando sus reglas.

Al crear un sitio web, necesitará una sólida comprensión de HTML (Hypertext Markup Language) y CSS (Hojas de estilos en cascada) por estas razones específicas:

- HTML construye la estructura de las páginas de su sitio web

- CSS edita el aspecto de tus páginas

Técnicamente hablando, puedes apegarte a HTML exclusivamente y poder crear un sitio web desde cero. De hecho, si prefieres cualquiera de los constructores de sitios web de arrastrar y soltar en línea, estarás tratando con HTML y CSS.

El "texto" en "hipertexto" no significa que el código consistirá en texto. HTML puede incluir otros elementos, como imágenes, tablas, listas, formularios, etc.

HTML no solo muestra el código como textos, imágenes, tablas, etc., sino que también podría usarse para:

- crear un formulario que recopile información del visitante del sitio (nombre, datos de contacto, mensajes, etc.)

- rastrear la ubicación exacta de un visitante

- mostrar videos, clips de audio, películas y otros medios similares

- duplicar una copia de todo el sitio web que es accesible sin conexión

- incluir varios tipos de documentos dentro de su código

- dirigir a su visitante a otro sitio web a través de enlaces de terceros

- y muchos más.

Estoy bastante seguro de que eventualmente aprenderás algunas habilidades en PHP, JavaScript y jQuery a medida que incorporas funciones avanzadas a tu sitio web. Esto es especialmente cierto si usted va la ruta de WordPress, ya que la plataforma de blogs requiere conocimientos PHP en la parte superior de HTML y CSS.

## Introduccion al HTML

Para comenzar a escribir el código HTML, abra el Bloc de notas (en Windows) o TextEdit (en Mac). Si quieres algo un poco más elegante, descarga (e instala) Bloc de notas++.

Echa un vistazo a esta simple pieza de código HTML:

```
<! DOCTYPE html>
<html>
<head></head>
<cuerpo>
<h1>¡Mira ese humo!</h1>
<p>
Oh, cómo me gustaría que pudiéramos hacer algo al
respecto:
<img src"https://i.ibb.co/J5tNjvX/smokebelching.jpg"/>
</p>
</cuerpo>
</html>
```

Si has estado jugando con los creadores de sitios web, esto podría ser familiar para ti por ahora.

Si no, aquí hay una explicación rápida de cada línea de este código:

- **<! DOCTYPE html>** - Esta es una forma de declaración de tipo de documento, lo que significa que le dice al navegador qué tipo de archivo está tratando con. En este caso, es un documento HTML5. Tenga en cuenta que esta declaración no es una etiqueta HTML, sino una etiqueta imprescindible en cualquier código HTML.

- **<html>, <head> y <body>** - Estos elementos componen el esqueleto básico de cada página web - es poco probable que una página web basada en HTML no tenga estos 3 elementos. Como puede ver, las etiquetas HTML vienen en pares: una etiqueta de apertura para indicar al navegador cuándo comienza un nuevo comando y una etiqueta de cierre (que incluye una barra diagonal justo antes de esa etiqueta en particular) para dictar dónde termina el comando.

- o **<head>** - Este es un contenedor para etiquetas que proporcionan información sobre el documento HTML, como <title>, metadatos, etc. Esto no tiene nada que ver con los encabezados que usaste para dar formato al texto.

- o **<body>** - Este elemento contiene todo el contenido que desea que el explorador web muestre, como fragmentos de texto, imágenes, tablas, formularios, vínculos, etc. Estos son el contenido que el visitante web verá realmente.

- **<img src"**https://i.ibb.co/J5tNjvX/smokebelching.jpg**"/>** - Este elemento le dice al navegador que muestre una imagen (img) y le ordena que la extraiga de una ubicación específica (src significa fuente, mientras que el "https://i.ibb .co/J5tNjvX/smokebelching.jpg" es la URL exacta donde se carga la imagen).

  - o NOTA: este tipo de elemento se denomina autocierre, elemento void o elemento vacío. Como puede ver en el ejemplo anterior, ya no tenía una etiqueta de cierre como </img> porque no puede agregar ningún otro contenido dentro de él.

- o Otros elementos vacíos incluyen <input>, <meta>, <link>, etc.

- o "src" es un atributo HTML, o palabras especiales entre una etiqueta de apertura y cierre. Los atributos se utilizan como modificador o para controlar cómo se comporta un elemento HTML.

Diferenciar elementos HTML con etiquetas HTML es un poco complicado, si eres nuevo en la programación, pero te lo explicaré más en un rato.

## Probar su código

Tiene dos opciones al probar el código:

- **Desde su PC - Guarde el código de su editor de texto mediante el uso de** la extensión .html. Es importante que especifique esto porque la mayoría de los editores de texto usan .txt como valor predeterminado.

  - o Guardemos nuestro proyecto como "webpage1.html"

  - o Para abrir este archivo, simplemente vaya a la carpeta donde se guarda, haga doble clic en webpage1.html y espere a que se abra en su navegador predeterminado.

- **En línea** - Si solo desea probar su código si está funcionando, puede   pegar su código en cualquier editor HTML en línea como https://htmlcodeeditor.com/ y ver automáticamente una demostración de su página. La belleza de este método de prueba es que puede editar rápidamente el código si algo no funciona.

Para este ejemplo HTML, la página debería tener este aspecto:

## Elementos, etiquetas y atributos HTML

Expliqué un poco antes que un código HTML consta de varios elementos.

Todas esas etiquetas de aspecto alienígena tienen un propósito y todas dan instrucciones específicas a los navegadores web sobre cómo debe aparecer el documento.

### *Elementos HTML*

Los elementos HTML se definen mediante una etiqueta inicial, seguida de contenido, y luego terminan con una etiqueta de cierre. Por ejemplo:

<h1> es el encabezado, seguido del título que desea como encabezado como "Título 1", terminando con </h1>.

<p> es una etiqueta inicial, seguida de "Aquí está el primer párrafo de texto" como contenido, terminando con </p>.

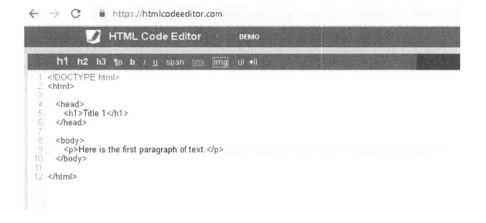

Por supuesto, los visitantes de su sitio web no ven el código anterior. En su lugar, verán la página siguiente:

# Title 1

Here is the first paragraph of text.

Los elementos HTML se pueden anidar (incluidos dentro de cualquier otro número de elementos). Esto significa que se pueden incluir varias etiquetas dentro de otras etiquetas, siempre y cuando estén cerradas correctamente. Por ejemplo, la etiqueta paragraph/<p> anterior está anidada dentro de la etiqueta <body>, lo que también significa que puede incluir cualquier otra etiqueta como imágenes, tablas en este elemento anidado.

La única excepción de los elementos HTML anidados son los elementos vacíos, lo que probablemente le dará un error ya que los elementos anidados incluyen pares completos de etiquetas de apertura y cierre.

Este es un ejemplo sencillo de anidamiento HTML:

```
<p>Este es un <b>bold</b> text.</p>
<p>Así es como puede <em>emphasize</em> un text.</p>
<p>¿Qué tal <marca>resaltado</marca> texto?</p>
<p> ¿O <i>italics</i> texto? </p>
```

Este código debería tener este aspecto:

```
PREVIEW
This is a bold text.
Here's how you can emphasize a text.
How about highlighted text?
Or italics text?
```

Al anidar, es importante que coloque el orden de las etiquetas HTML correctamente. Para que el código funcione, la última etiqueta abierta debe ser la primera etiqueta cerrada.

### *HTML Tags*

- **Encabezado - Las etiquetas de** encabezado no son solo h1. Tienes h2, h3, h4, h5, h6, etc. Por supuesto, cada una de estas etiquetas tiene apariencias y usos específicos, por lo que es mejor aprender cómo formatear su contenido puede ayudar con la legibilidad de los visitantes.

- **Párrafo - Al igual que las etiquetas de** encabezado, la definición de párrafos ayuda a estructurar el contenido en diferentes párrafos. Solo tienes que empezar con la etiqueta <p>, seguida del contenido que quieres colocar y terminando con la etiqueta de cierre </p>. Por ejemplo:

    o  <p>Aquí está el primer párrafo de texto.</p>

- <p>Aquí hay otro párrafo de texto.</p>

- **Saltos de línea** - <br /> es otro ejemplo de un elemento vacío. Es la etiqueta de salto de línea que indica al navegador que continúe con el siguiente texto desde la siguiente línea.

### Atributos HTML

Los atributos HTML, como el atributo src anterior, proporcionan a los navegadores web información adicional sobre el código que escribió.

Para diferenciarlos con otras etiquetas HTML, los atributos a menudo vienen en pares con nombre-valor.

- **Atributos de** idioma: a menudo se incluye al inicio de un código HTML, justo debajo del tipo de documento.

```
<! DOCTYPE html>
<html lang-"en-US">
```

En este ejemplo, html lang significa que le está diciendo al navegador web que el idioma utilizado en la página web es inglés (es) y especificado en EE. UU. (el país), ya que también hay inglés del Reino Unido.

- **Atributos de** nombre de enlace/archivo: aparte de las imágenes, los vínculos HTML se escriben con la etiqueta <a> y el atributo href.

o Por ejemplo: <a href-
"https://i.ibb.co/J5tNjvX/smokebelching.jpg">
Este es un enlace para la imagen del coche que se
alimenta de humo </a>

o Las imágenes HTML se pueden definir con solo
<img src-"smokebelching.jpg">

o En este ejemplo, está designando la dirección URL
de la imagen, por lo que el explorador web sabría
qué imagen mostrar y de dónde extraerla.

- **Atributos de anchura/altura:** con estos atributos
HTML, puede especificar el ancho y el alto de las
imágenes.

  o Usando el ejemplo anterior, vamos a agregar
  especificaciones de anchura y altura en píxeles:
  <img src-"smokebelching.jpg" width-"500"
  height-"600">. Aquí, "500" significa 500 píxeles
  de ancho y "600" significa 600-pixes de alto.

- **atributos** alt: con este tipo de atributo HTML, está
especificando texto alternativo que se utilizará, si alguna
vez no se puede mostrar una imagen. Esto también puede
beneficiar a aquellos que tienen problemas de visión, ya
que pueden escuchar un software leer el contenido de un
sitio, luego ser capaces de escuchar lo que la imagen está
tratando de "decir".

o Así que en lugar de simplemente <img src"https://i.ibb.co/J5tNjvX/smokebelching.jpg">, se incluye un texto alternativocomo "<img src"https://i.ibb.co/J5tNjvX/smokebelching.jpg"alt "Viejo humo de coche eructoen en la ciudad">.

- **Atributos de estilo:** también puede hacer un poco de estilo dentro de su elemento HTML y controlar la fuente, el tamaño, el color, etc. Este atributo especificará un estilo CSS en línea para el elemento que elija.

Por ejemplo, este código:

```
<p style="color:red">Roses are red</p>
<p style-"color:blue"> Las violetas son azules </p>
```

... debe tener este aspecto:

PREVIEW

Roses are red

Violets are blue

## Formateando HTML

Si usó MS Word o cualquier tipo de procesador de textos antes, está familiarizado con cómo funciona el formato, desde alinear texto hasta cambiar el estilo de fuente, elegir entre encabezados y agregar enlaces, hay numerosas etiquetas HTML que pueden cambiar su página de simple a un poco más.

## Encabezados

Los encabezados son importantes para los bots en línea y los navegadores web porque ayudan a apuntar a subsecciones del contenido. Incluso los usuarios que están sobrecargados con páginas de información y utilizan encabezados para detenerse sólo en las secciones que encuentran interesantes.

Los encabezados HTML se definen con las etiquetas <h1> to <h6>.

Los encabezados no se utilizan para hacer texto **en negrita** o **más grande** - hay maneras de hacerlos

En su lugar, se utilizan para definir el encabezado más importante <h1>, hasta el encabezado menos importante <h6>.

| | |
|---|---|
| `<h1>Encabezado 1</h1>` | # Heading 1 |
| `<h2>Encabezado 2</h2>` | ## Heading 2 |
| `<h3>Encabezado 3</h3>` | ### Heading 3 |
| `<h4>Encabezado 4</h4>` | Heading 4 |
| `<h5>Encabezado 5</h5>` | Heading 5 |
| `<h6>Encabezado 6</h6>` | Heading 6 |

Como se puede ver en la vista previa en la tabla anterior, los navegadores añadirán automáticamente un espacio antes y después de cada encabezado.

Los encabezados vienen en tamaños predeterminados, pero en realidad puede establecer tamaños de encabezado si lo desea especificándolo a través de CSS (más sobre esto más adelante).

## Parrafos

El elemento HTML `<p>` hace referencia a un párrafo.

```
<p>Este es un ejemplo de un párrafo.</p>
<p>Y aquí hay otro párrafo.</p>
```

Los navegadores web añadirán automáticamente  un margen (llamado "espacio en blanco") antes y después de cada párrafo.

Si bien esta adición automática de espacios es algo bueno para aquellos tan olvidadizos como yo, hay un inconveniente que debo decirte:

No tiene control sobre cómo se mostrará HTML. Esto es debido a los miles de gadgets disponibles ahora, todos con pantallas de diferentes tamaños también dan lugar a páginas web de diferentes aspectos.

Los navegadores eliminan espacios y líneas adicionales en el HTML, por lo que incluso si intenta manipular el aspecto de una página agregando espacios o líneas, esto no funcionará.

Estas son algunas maneras en las que puede controlar HTML:

• Apertura y cierre Tag
Como expliqué antes, muchos elementos HTML y etiquetas deben abrirse y cerrarse correctamente.

Esto es importante.
En algunos casos, verá que los navegadores seguirán modificando el código como pretende que sea (incluso sin las etiquetas de cierre). No confíe en los navegadores para "obtener" el código porque omitir las etiquetas de cierre suele dar lugar a errores u otros resultados inesperados.

• Saltos de línea
En HTML, agregar el elemento <br> significa que desea un salto de línea. Esto se considera una etiqueta vacía, por lo que ya no tiene que agregar una etiqueta de cierre.

Utilice <br> si desea que el texto esté en una línea nueva, pero en el mismo párrafo.

Por ejemplo, este bit de código:

```
<p> Peter Piper<br> escogió un picoteo<br>de pimientos
encurtidos... </p>
```

debe tener este aspecto:

**PREVIEW**

Peter Piper
picked a peck
of pickled peppers...

- Preformateado

En HTML, el elemento "<pre>" hace referencia al texto preformateado. Cuando agregue esto al código, mostrará el texto con una fuente de ancho fijo y mantendrá los espacios y los saltos de línea.

Veamos este ejemplo como el texto que colocó dentro del elemento <pre>:

```
<pre>
Peter Piper escogió un picoteo de pimientos encurtidos.

Un picoteo de pimientos encurtidos que Peter Piper escogió.
Si Peter Piper escogió un picoteo de pimientos encurtidos,

¿Dónde está el picoteo de pimientos encurtidos que eligió
Peter Piper?
</pre>
```

¿Ves los espacios/saltos de línea? Si ha indicado el elemento <pre>, deben mostrarse tal como está en la página web. Así de bien:

```
Peter Piper picked a peck of pickled peppers.


A peck of pickled peppers Peter Piper picked.
If Peter Piper picked a peck of pickled peppers,

Where's the peck of pickled peppers Peter Piper picked?
```

- Reglas horizontales

Las reglas horizontales, o la etiqueta <hr>, se refieren a un salto temático (por ejemplo, cuando cambias a un tema nuevo), por lo que podrías separar el contenido y "contar" a los navegadores web sobre este cambio.

<hr> es una etiqueta vacía, por lo que ya no es necesario abrir/cerrar etiquetas.

Por ejemplo:

```
<h1>Tongue Twister Heading</h1>
<p>The text: Peter Piper picked a peck of pickled peppers.
A peck of pickled peppers Peter Piper picked. </p>
<hr>
<h2>Nursery Rhyme Heading</h2>
<p>The text: Row, row, row your boat.. Gently down the
stream... Merrily merrily, merrily, merrily...Life is but a
```

```
dream...</p>
<hr>
```

¿Ves cómo se ve la etiqueta <hr> (abajo) a los ojos de cualquier visitante del sitio?

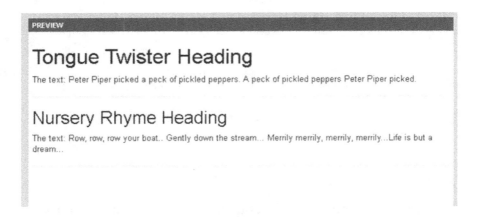

## Texto

Al igual que los encabezados, el formato del texto en HTML será muy familiar para aquellos que tienen experiencia en programas de procesamiento de texto.

Consulte la siguiente tabla para obtener información sobre todas las etiquetas de formato de texto HTML con las que puede jugar:

| DÍA | DESCRIPCIÓN |
|---|---|
| <b> <fuerte> | Todo lo que aparece entre **<b>** y **</b>** elementos, se muestra ennegrita También puede utilizar las etiquetas <strong> y </strong> en el reemplazo de la etiqueta <b>. |

| | Se refiere a "fuertemente enfatizado" |
|---|---|
| \<código\> | Esta es una etiqueta de salida de computadora. Evita colocar texto como números ordinarios o agregar separadores decimales |
| \<em\> \<i\> | Ambas etiquetas hacen lo mismo: un texto ny que aparece dentro de las etiquetas de apertura/cierre se muestran en cursiva. |
| \<u\> | Todo el texto entre las etiquetas \<u\> utiliza un tipo de letra subrayado. |
| \<huelga\> | Se refiere a la tipografía tachado |
| \<del\> | Es similar al tachado, pero a menudo se utiliza junto con la etiqueta \<ins\> |
| \<ins\> | Es opuesto a tachado, ya que cualquier texto insertado |
| \<tt\> | Las fuentes suelen tener anchos variables porque las letras vienen con anchos cambiantes. Si desea que el texto tenga anchos uniformes sin importar la letra, indique en el código que desea una fuente monoespaciada |
| \<sup\> | El texto de superíndice tiene el mismo tamaño que el texto normal, excepto que se muestra un poco más alto que los demás caracteres. |
| \<sub\> | Esto funciona frente a Superíndice en que el texto del subíndice se muestra un poco más bajo que otros caracteres. |
| \<grande\> | Cualquier texto que coloque entre **\<big\>** y |

| | |
|---|---|
| | **</big>** elementoss se mostrará un tamaño de fuente mayor que el resto del texto. |
| <pequeño> | Es lo contrario de la etiqueta <big> |
| <marca> | Esta etiqueta defines texto marcado o resaltado. |

## Estos son ejemplos de las etiquetas HTML anteriores:

```
<p>Hacer cualquier texto <b>bold</b> o
<strong>strong</strong> con esta etiqueta. </p>
<p> Use esto para indicar a los navegadores que <código>este
texto es código de equipo. </código></p>
<p>Así es como <em>emphasize</em> text</p>
<p>Así es como <i>italicize</i> text</p>
<p>Este texto es <u>subrayado. </u></p>
<p>Así es como un tipo de letra </strike>se parece a </p>
<p><del>Este texto se elimina del documento</del></p>
<p><ins>Este texto se inserta en el documento</ins></p>
<p>El texto siguiente utiliza <tt>monospaced</tt>
typeface.</p>
<p>El texto siguiente utiliza <sup>superíndice</sup>
font.</p>
<p>El texto siguiente utiliza <sub>subíndice</sub> font.</p>
<p>También puede hacer que algunos textos se vean
<big>bigger </big> que su fuente estándar.</p>
<p>O hacer que algún texto se vea<pequeño> más pequeño
</pequeño>que el resto.</p>
<p>Algunos de estos <marca>textos están marcados.</mark>
See? </p>
```

Si ha copiado y pegado el ejemplo anterior en el editor HTML en línea elegido (como https://htmlcodeeditor.com/),verá los ejemplos de formato detexto a continuación:

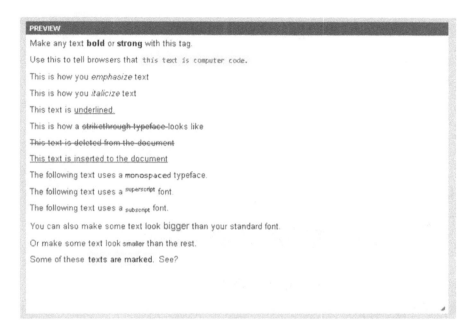

## Listas de texto

Otra forma de formatear el texto es organizándolo en listas HTML. Hay 3 maneras generales de hacer esto:

- **Lista** desordenada (comienza con <ul>, termina con </ul>) — Hemos estado usando este tipo de lista en toda esta guía. Agrupa dos o más elementos relacionados, pero en ningún orden en particular. De forma predeterminada, verá una lista desordenada con viñetas por entrada.

- o Para que las entradas funcionen como una lista, deberá iniciar cada entrada o "elemento de lista" con \<li\> y \</li\>.

- o Usando el siguiente código:

```
<h3> Esta es una lista desordenada </h3>
<ul>
<le>Café</li>
<li>Tea</li>
<li>Leche</li>
</ul>
```

El texto debe mostrarse así:

PREVIEW

# This is an unordered list

- Coffee
- Tea
- Milk

- **Lista ordenada** (comienza con \<ol\>, termina con \</ol\>) — Esto se utiliza a menudo para instrucciones paso a paso o cualquier conjunto de elementos relacionados que están organizados en un orden específico .

  - o Al igual que la lista desordenada, debe usar \<li\> y \</li\> para cada entrada o Puede controlar qué tipo de marcador de elemento de lista de su elección. Cambie entre letras, números o números romanos añadiendo cualquiera de los atributos (abajo) a la etiqueta start <ol>:

- <ol type-"1"> - para enumerar el elemento con números (1, 2, 3, etc.)

- <ol type-"A"> - para enumerar elementos con letras mayúsculas (A, B, C, etc.)

- <ol type-"a"> - para enumerar elementos con minúsculas (a,b,c,etc.)

- <ol type?"I"> - para enumerar elementos con números romanos en mayúsculas (I,II,III ,etc.)

- <ol typeá"i "> - para enumerar los elementos con minúsculas en números romanos (i,ii,iii, etc.)

o Copie y pegue este código en su editor HTML en línea:

```
<h3> Esta es una lista ordenada </h3>

Uso de números
<ol type-"1">
  <li>Uno</li>
  <li>Dos</li>
  <li>Tres</li>
</ol>
```

Uso de letras mayúsculas

```
<ol type-"A">
  <li>Apple</li>
  <li>banana</li>
</ol>
```

Uso de letras minúsculas

```
<ol type-"a">
  <li>Banana</li>
  <li>Apple</li>
</ol>
```

Uso de números romanos en mayúsculas

```
<ol type-"I">
  <li>Uno</li>
  <li>Potato</li>
</ol>
```

Uso de números romanos en minúsculas

```
<ol type-"i">
  <li>Dos</li>
  <li>Potato</li>
</ol>
```

## Para ver cómo se muestra visualmente:

## This is an ordered list

Using Numbers
1. One
2. Two
3. Three

Using Uppercase Letters
A. Apple
B. banana

Using Lowercase Letters
a. Banana
b. Apple

Using Uppercase Roman Numerals
I. One
II. Potato

Using Lowercase Roman Numerals
i. Two
ii. Potato

- **Lista de definiciones** — Ideal para el formato de tipo diccionario, en el que se enumera un término con una o más descripciones

  o Se crea una lista de definiciones con la etiqueta <dl>.

  o Usa la etiqueta <dt> como título de tu lista

  o Utilice la etiqueta <dd> para describir cada término

Aunque la lista de definiciones también se puede anidar, este sencillo ejemplo muestra el potencial de enumerar el texto:

```
<h3> Esta es una lista de definiciones </h3>

<dl>
<dt>Apple</dt>
<dd>- el fruto redondo de un árbol de la familia de las
rosas</dd>
<dt>Banana</dt>
<dd>- una fruta curvalarga, ya sea amarilla o verde</dd>
<dd>- loco o extremadamente tonto.</dd>
</dl>
```

## This is a definition list

**Apple**
- the round fruit of a tree of the rose family
**Banana**
- a long curved fruit, either yellow or green
- insane or extremely silly.

## Colores

Los colores se definen normalmente como parte de CSS (estilo de la página web), pero los colores HTML se pueden usar si desea controlar áreas específicas de una página web, fuente, bordes, etc.

Los navegadores modernos admiten 140 colores. Puedes consultar todo en este sitio web: https://htmlcolorcodes.com/color-names/.

Al escribir HTML, puede utilizar el nombre de color HTML, el código de color HEX (#rrggbb) o el valor RGB (rojo, verde, azul).

   RED                    #FF0000              RGB(255, 0, 0)

Puede usarlo al cambiar:

- COLOR DEL TEXTO

```
<h1 style-"color:Rojo;" >Este título rojo utiliza el nombre
de color HTML</h1>
<p style-"color:#FF0000;" >Los colores de fuente de párrafo
también pueden utilizar valores HEX como este</p>
<p style-"color: RGB(255, 0, 0);" >O utilice RGB (rojo,
verde, azul) para identificar los colores exactos de la
fuente que le gusta utilizar.</p>
```

PREVIEW

## This red headline uses HTML color name

Paragraph font colors can also use HEX values like this

Or use RGB (red, green, blue) to identify exact colors of font you like to use.

- COLOR DEL BORDE

Al igual que en el color de fuente, también puede controlar el color de los bordes. En este ejemplo:

```
<h1 style-"border:2px sólido rojo;" >Uso del nombre de color
HTML</h1>
<h1 style-"border:2px solid #FF0000;" >Uso de valores HEX</h1>
<h1 style-"border:2px sólido RGB(255, 0, 0);" >Uso de RGB</h1>
```

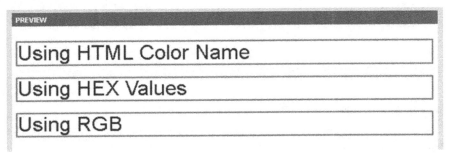

El color del borde de salida se veía igual porque técnicamente, "Rojo", "#FF0000" y "RGB(255, 0, 0)" todos se refieren al mismo color rojo.

¿CONFUNDIDO QUÉ TIPO DE ETIQUETA DE COLOR UTILIZAR?

**Nombre de color** HTML: si desea utilizar colores sólidos, elija entre los cientos de nombres de color HTML compatibles con el explorador.

**Valores HEX (hexadecimales):** si siente que los colores HTML no son suficientes, hay combinaciones ilimitadas de colores disponibles si utiliza valores hexadecimales.

#rrggbb se refiere a (rr-rojo), (gg-verde) y (bb-azul) con 00 como el valor más bajo y ff como el valor más alto.

El ejemplo que usamos arriba - #FF0000 - se muestra en rojo antes de que los primeros 2 valores se establezcan en el rojo más alto, mientras que 2 valores verdes y 2 azules

**RGB - RGB tiene probablemente el conjunto de** colores más completo. RGB se refiere a rojo, verde y azul. Puede controlar la intensidad de cada color seleccionando valores de 0 (más bajo) a 255 (más alto), lo que significa que los parámetros de color de negro son rgb(0,0,0), mientras que el blanco es rgb(255, 255, 255).

En los ejemplos de color de texto y borde anteriores, RGB(255, 0, 0) hace un rojo.

También puede controlar la opacidad de un color con RGBA. "A" se refiere a t parámetro alfa y está escrito usando a 4o valor que puede escoger entre 0,0 (totalmente transparente) un nd 1.0 (no transparente en absoluto).

Usando la muestra RGB roja anterior, así es como se verían estos colores con los parámetros alfa:

```
<h1 style-"border:2px sólido RGB(255, 0, 0, 0.1);" >Uso de
RGBA</h1>
<h1 style-"border:2px sólido RGB(255, 0, 0, 0.2);" >Uso de
RGBA</h1>
<h1 style-"border:2px sólido RGB(255, 0, 0, 0.3);" >Uso de
RGBA</h1>
```

```
<h1 style-"border:2px sólido RGB(255, 0, 0, 0.4);" >Uso de
RGBA</h1>
<h1 style-"border:2px sólido RGB(255, 0, 0, 0.6);" >Uso de
RGBA</h1>
<h1 style-"border:2px sólido RGB(255, 0, 0, 0.8);" >Uso de
RGBA</h1>
<h1 style-"border:2px sólido RGB(255, 0, 0, 1);" >Uso de
RGBA</h1>
```

o visualmente:

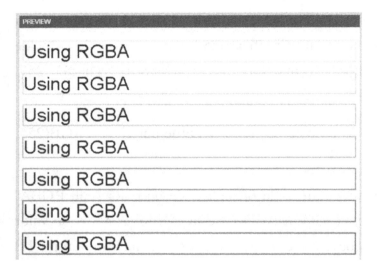

## HSL (Hue, Saturación, Ligereza)

Los colores HTML se pueden personalizar aún más usando tono,
saturación y ligereza.

- HUE - Basado en la rueda de color, esto puede ser en
  cualquier lugar de 0 a 360. Tono identifica el grado en la
  rueda de color, como 240 para azul, 120 para verde o 0
  para rojo.

- SATURATION - Se refiere a la intensidad de un color en particular. 100% saturación significa que es a todo color sin tonos de gris, 50% significa que todavía puede ver el color si hay 50% gris, y 0% es completamente gris y el color ya no se verá.

- LUZ - Al igual que la saturación, se controla la ligereza asignando un porcentaje de 0% (más oscuro/negro) a 100% (más claro/blanco).

## Enlaces

Los enlaces HTML (conocidos como hipervínculos) ofrecen a los visitantes de su sitio web una manera de ir de una página a la siguiente con un solo clic.

Contrariamente a la creencia popular, los enlaces no necesariamente tienen que ser un texto. Puede adjuntar un enlace a cualquier cosa, incluida una imagen, un vídeo u otros elementos HTML.

Los hipervínculos se definen con la etiqueta <a>.

Usando este formato: <a href-"*url*">texto del *enlace*</a>, podemos seguirlo agregando URL y detalles de texto, como este:

<a href-"https://htmlcolorcodes.com/color-names/">Aprender todo sobre los códigos de color HTML aquí</a>

Ese texto azul (arriba) ahora se podrá hacer clic.

El atributo "href" indica a su navegador que el enlace, una vez que se hace clic, debe ir a "https://htmlcolorcodes.com/color-names/"

## Enlaces locales

En el ejemplo anterior, utilizamos una dirección web completa (de https:// o www.) porque está vinculada a una página de terceros.

Cuando se vincula localmente (al mismo sitio web), puede utilizar un enlace local sin "https://" o "www." más.

Los enlaces locales tienen este aspecto: <a href-"photo_number2.jpg">Puede ver la segunda foto aquí.</a>

## Títulos de enlace

Los títulos de los enlaces están ocultos: son atributos HTML que añaden información adicional sobre un elemento (en este caso, el hipervínculo). El título solo se muestra cuando pasa el ratón sobre el elemento (texto, imagen, etc.)

Usando el ejemplo anterior, vamos a agregar títulos de enlace para mostrarle cómo debería ser:

<a href-"https://htmlcolorcodes.com/color-names/" title""Este es el título del enlace">Aprender todo acerca de los códigos de color HTML aquí</a>

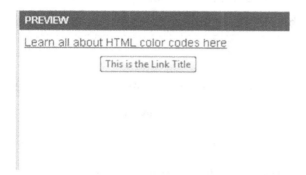

## Colores de enlace

El color del enlace predeterminado es azul, mientras que el color del vínculo visitado es púrpura. Sin embargo, puede cambiar estos colores de vínculo predeterminados a través de CSS (vamos a discutir esto más adelante).

## Vincular atributos de destino

Como hemos discutido anteriormente acerca de los atributos y valores HTML, estos detalles "informan" a los navegadores web sobre información adicional. En este caso, información adicional sobre el destino del vínculo.

Los atributos de destino de enlace se pueden escribir con cualquier tipo de valores a continuación:

- **_blank** - Este valor indica al navegador que abra el documento vinculado en una nueva ventana/pestaña

  - o  <a          href-"http://www.thisisyourdomain.com" target-"_blank">Este enlace se abrirá en una nueva ventana o pestaña</a>

- **_self - Esta es la forma predeterminada en que** se abren los enlaces: en la misma ventana / pestaña donde se hizo clic.

  - o  <a          href-"http://www.thisisyourdomain.com" target-"_self"> Este es el destino predeterminado de enlace, a menos que especifique otro valor </a>

- **_top** - Agregar esto al código indica al navegador que abra el documento vinculado en el cuerpo completo de la ventana

  - o  <a          href-"http://www.thisisyourdomain.com" target-"_top">Este tipo de atributo de destino de vínculo se utiliza para códigos con más de un contenedor</a>

- **_parent** - Esto abre el documento vinculado dentro del marco primario

  - o  <a          href-"http://www.thisisyourdomain.com" target-"_parent">Este tipo de atributo de destino de vínculo se utiliza si desea que el documento se abra dentro del iframe</a>

## Creación de imágenes en las que se puede hacer clic (imagen como enlace HTML)

Después de los enlaces de texto, las imágenes son el segundo tipo de documento más utilizado que las personas usan como vínculos.

En este ejemplo:

```
<a href-"http://www.thisisyourdomain.com"><img src-
"boat.jpg" width-"82" height-"86" title-"Row row your boat"
alt-"Boat"</a>
```

El código anterior tiene las siguientes partes:

- <a> es la etiqueta de enlace de apertura (esto indica a los navegadores web qué hacer de aquí en adelante)

- *href* attribute establece la URL a la que enlazar (esto dicta a qué página irá una vez que haga clic en la imagen)

- <img> es la etiqueta de inicio de la imagen (se refiere a qué imagen hacer clic)

- *El atributo src establece el archivo de* imagen (define dónde se encuentra esa imagen específica)

- *title* attribute establece el texto de información sobre herramientas dela imagen (este es el texto que aparece al pasar el ratón sobre el vínculo de la imagen)

- alt is the image tag alt text attribute (utilizado principalmente para la optimización de back-end y para indicar a los navegadores de qué se trata la imagen)

- *anchura* y *altura:* establece el ancho y el alto de la imagen.

- </a> es la etiqueta de enlace de cierre.

## Tablas HTML

Cuando el código comienza a dar forma y se hace más largo de lo que se espera, una manera de organizarlos es colocar texto, imágenes y otros elementos dentro de filas y columnas de celdas.

Una tabla HTML se define con la etiqueta <table>.

Otras etiquetas que usará en una tabla incluyen:

- <tr> y </tr> (fila de tabla): divide la tabla en filas

- <td> y </td> (datos de tabla): divide las filas en celdas de datos que contienen un montón de datos

  o Los datos de la tabla pueden ser texto normal, imágenes, vínculos, listas, formularios, otra tabla, etc.

- <thead> y </thead> - se refiere al encabezado de la tabla
- <tbody> y </tbody> - se refiere al cuerpo de la tabla donde contiene todos los elementos de la tabla

Tomemos este código como ejemplo:

```
<borde de tabla"1">
  <thead>
    <tr>
      <th>Nombre de columna 1: Nombre</th>
      <th>Nombre de columna 2: Apellido</th>
      <th>Nombre de columna 3: Correo electrónico</th>
    </tr>
  </thead>
  <tbody>
    <tr>
      <td>John</td>
      <td>Doe</td>
      <td>johndoe-gmail.com</td>
    </tr>
    <tr>
      <td>Peter</td>
      <td>Piper</td>
      <td>peterpiper-gmail.com</td>
    </tr>
    <tr>
      <td>Jane</td>
      <td>Doe</td>
      <td>janedoe-gmail.com</td>
    </tr>
  </tbody>
</tabla>
```

Cuando lo ejecuta en su editor de código en línea, la tabla HTML debería tener este aspecto:

| PREVIEW | | |
|---|---|---|
| Column Name 1: First Name | Column Name 2: Last Name | Column Name 3: E-mail |
| John | Doe | johndoe@gmail.com |
| Peter | Piper | peterpiper@gmail.com |
| Jane | Doe | janedoe@gmail.com |

## Estilo de mesa

Puede cambiar el aspecto de la tabla directamente del código HTML, pero solo implica agregar espacios en blanco, realizar cambios en el borde y abarcar filas/columnas.

- o cellpadding - para agregar espacio en blanco entre el borde de la celda y los datos de la tabla

- o cellspacing - para agregar espacio en blanco entre las celdas de la tabla

Con el ejemplo anterior, agregue este pequeño código en la primera línea de la tabla HTML:

```
<frontera de la tabla "3" cellpadding "10" cellspacing "5">
<thead>
<tr>
        <th colspan"3">Donantes</th>
<th>Nombre de columna 1: Nombre</th>
<th>Nombre de columna 2: Apellido</th>
<th>Nombre de columna 3: Correo electrónico</th>
</tr>
</thead>
```

```
<tbody>
<tr>
<td>John</td>
<td>Doe</td>
<td>johndoe-gmail.com</td>
</tr>
<tr>
<td>Peter</td>
<td>Piper</td>
<td>peterpiper-gmail.com</td>
</tr>
<tr>
<td>Jane</td>
<td>Doe</td>
<td>janedoe-gmail.com</td>
</tr>
</tbody>
</tabla>
```

Su tabla ahora debería tener este aspecto:

| Column Name 1: First Name | Column Name 2: Last Name | Column Name 3: E-mail |
|---|---|---|
| John | Doe | johndoe@gmail.com |
| Peter | Piper | peterpiper@gmail.com |
| Jane | Doe | janedoe@gmail.com |

Otras reglas de estilo se pueden incluir dentro de su CSS.

Si usted quiere "combinar la célula" en su tabla existente, usted puede intentar atravesar con cualquiera de estos atributos:

- rowspan - se fusiona a través de varias filas
- colspan - combina en varias columnas (a menudo se utiliza como encabezado para un grupo de datos de tabla)

Agregaremos un par de ejemplos de rowspan y colspan de nuestra tabla actual. Echa un vistazo a este código:

```
<frontera de la tabla "3" cellpadding "10" cellspacing "5">
<thead>
<th colspan"4">Donantes</th>
<tr>
<th>Nombre</th>
<th>Apellido</th>
<th>Correo electrónico</th>
<th>Cantidad media</th>
</tr>
</thead>
<tbody>
<tr>
<td>John</td>
<td>Doe</td>
<td>johndoe-gmail.com</td>
<td>$10-$20</td>
</tr>
<tr>
<td>Peter</td>
<td>Piper</td>
<td>peterpiper-gmail.com</td>
<td>$20-$40</td>
</tr>
<tr>
<td>Jane</td>
<td>Doe</td>
```

```
<td>janedoe-gmail.com</td>
<td>$30-$50</td>
</tr>
<th colspan"4">1st Quarter Contributions</th>
<tr>
<th></th>
<th>John</th>
<th>Peter</th>
<th>Jane</th>
</tr>

<tr>
<th rowspan-"1">Donaciones Ene/Feb</th>
<td rowspan-"1">$10</td>
<td rowspan-"1">$20</td>
<td rowspan-"1">$30</td>
</tr>

<tr>
<th colspan"1">Donaciones para Marzo</th>
<td>$20</td>
<td>$40</td>
<td>$50</td>
</tr>

<tr>
<th colspan"1">Total 1st Q Donaciones</th>
<td>$40</td>
<td>$60</td>
<td>$80</td>
</tr>

</tbody>
</tabla>
```

No te asustes por la duración de nuestro código. Debe especificar datos para cada celda, por lo que nuestra tabla HTML es tan larga. A los ojos de su visitante del sitio web, este código debe tener este aspecto:

| Donors | | | |
|---|---|---|---|
| **First Name** | **Last Name** | **E-mail** | **Average Amount** |
| John | Doe | johndoe@gmail.com | $10-$20 |
| Peter | Piper | peterpiper@gmail.com | $20-$40 |
| Jane | Doe | janedoe@gmail.com | $30-$50 |
| **1st Quarter Contributions** | | | |
| | **John** | **Peter** | **Jane** |
| **Donations Jan/Feb** | $10 | $20 | $30 |
| **Donations for March** | $20 | $40 | $50 |
| **Total 1st Q Donations** | $40 | $60 | $80 |

Muy guay, ¿verdad? Pasemos a algunas características HTML avanzadas...

## HTML iFrames

Un iframe (también conocido como marco en línea) se utiliza cuando desea mostrar elementos externos, como vínculos, texto y otras páginas web dentro de una página web.

En HTML5, iframe se conoce como contexto de *exploración anidado.*

iFrames garantiza que se mostrará el contenido, incluso si los navegadores no admiten los objetos que incluye dentro del "marco". Los anuncios del sitio web suelen estar contenidos en un iframe, ya que el código de una empresa publicitaria externa (como Google AdSense) se extraerá directamente de esa fuente de terceros.

Incrustar un mapa desde Google Maps es un ejemplo sencillo de iframes.

```
<iframe id-"Mapa de Disneyland"
title"Iframe Disneyland Map"
anchura "400" de altura "300"
style"border:none"
src"https://www.google.com/maps/embed?pb=!1m18!1m12!1m3!1d33
15.0085746071404!2d-
117.92116288255612!3d33.81209180000002!2m3!1f0!2f0!3f0!3m2!1
i1024!2i768!4f13.1!3m3!1m2!1s0x80dcd7d12b3b5e6b%3A0x2ef62f84
18225cfa!2sDisneyland+Park!5e0!3m2!1sen!2sph!4v1560949135615
!5m2!1sen!2sph"incrustar">
</iframe>
```

- título del iframe - Esto no es visible (marque abajo) porque el título está indicado para ayudar a las personas con problemas de accesibilidad

- anchura y altura - Qué tan grande o pequeño desea que el objeto externo sea

- src-"URL" - esta es la ubicación de la página web u objeto externo (en este caso, la URL del mapa de Google de Disneyland)

- </iframe> - etiqueta de cierre

Si puedes ver el mapa como abajo, entonces el iframe funciona.

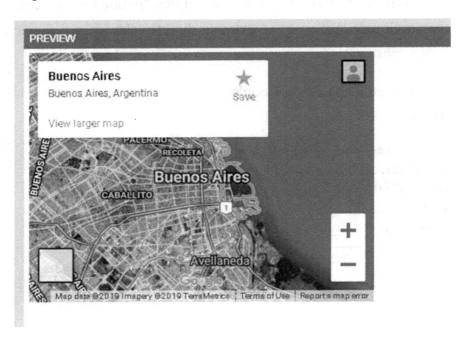

Si ve una "ventana vacía" que puede desplazarse, podría significar que su navegador no es compatible con iframes o su código HTML necesita ser arreglado.

## Estilos HTML

Cuando EL HTML fue desarrollado por Tim Berners-Lee en 1990,sólo servía un propósito: crear documentos electrónicos (o como sabemos ahora como páginas web) y mostrarse en la World Wide Web. No había mucho estilo involucrado en HTML entonces, por lo que los sitios web antiguos parecían muy simples y espantosos.

La mejor manera de aplicar estilo a sus páginas web es a través de CSS (lo aprenderemos en un poco), pero hay algunas opciones válidas para aplicar estilo a los elementos HTML.

Tiene 3 formas de agregar estilos a los elementos HTML:

1. **Estilos en línea** - Muchas personas que aprendieron HTML temprano también están bastante familiarizados con los estilos en línea. Esto se debe a que los atributos de estilo se colocan directamente en la etiqueta de inicio. Puede adjuntarlo a varios elementos como texto, imágenes, formularios, tablas, etc.

Al escribir atributos de estilo, debe emparejar una "propiedad" con su respectivo "valor". Se escribe sin un salto de línea y con un punto y coma que separa los dos valores. Así que si estás planeando cambiar el color de fuente, tienes que indicar "color:" como propiedad, seguido de "rojo" o "azul" o cualquier color compatible con la web que elijas. Finalizar un atributo de estilo debe hacerse con un punto y coma (;) También.

Por ejemplo:

```
<h1 style-"color:rojo; tamaño de fuente: 30px;" >Este
encabezado es de color rojo.</h1>
<p style-"color:verde; tamaño de fuente: 18px;" >Este
párrafo tiene fuente de color verde.</p>
<div style-"color:pink; tamaño de fuente: 40px;" >Este es un
texto de color rosa.</div>
```

# This heading is colored red.

This Paragraph has green-colored font.

This is a pink-colored text.

El ejemplo anterior muestra que puede hacer esto a cualquier elemento que elija. La primera línea es un encabezado, la segunda se adjunta a una etiqueta de apertura de párrafo y la última línea está encerrada en una etiqueta <div>.

Tenga en cuenta que desde que se creó CSS (es decir, en 1996), los desarrolladores web sienten que los estilos en línea se han convertido en una mala práctica. Esto es particularmente cierto para las páginas web que tienen cientos de elementos dentro de una página. Agregar atributos de estilo a un código siempre que esto haga que el código HTML parezca desordenado.

Los expertos están de acuerdo en que si debe usar HTML para aplicar estilos, vaya con la hoja de estilos externa.

2. **Estilos incrustados: con hojas de** estilos incrustadas, solo se verá afectada entre la sección <head> y </head>. Puede incluir cualquier número de elementos dentro de esta área.

Usando el ejemplo anterior, vamos a agregar un poco de color de fondo al código:

```
<cabeza>
<estilo>
cuerpo de fondo:color negro;
p -color: Negro;
</estilo>
<h1 style-"color:rojo; tamaño de fuente: 30px;" >Este
encabezado es de color rojo.</h1>
<p style-"color:verde; tamaño de fuente: 18px;" >Este
párrafo tiene fuente de color verde.</p>
<div style-"color:pink; tamaño de fuente: 40px;" >Este es un
texto de color rosa.</div>
</head>
```

Echa un vistazo a cómo se vería:

3. **Hoja de estilos externa:** si va a realizar esta ruta, utilizará el elemento &lt;link&gt; para apuntar a un archivo CSS externo o de terceros. Si estás familiarizado con WordPress, el archivo CSS siempre es independiente de las páginas web principales y se recomienda escribir todo el estilo allí.

Las hojas de estilo externas son las más flexibles porque puede hacer el trabajo una vez (estilo de una página) y hacer que refleje todo el sitio si lo desea.

# CAPÍTULO 5

# HACER QUE TU SITIO WEB SE VEA BONITO CON CSS

A hora que hemos aprendido los elementos HTML básicos, que nos permitirán construir la estructura de un sitio web, el siguiente tema girará en torno al estilo de esas páginas web.

En 1996, W3C introdujo CSS (Cascading Style Sheets) para admitir HTML y permitir elementos HTML de mejor aspecto.

** Nota: W3C, se refiere a "World Wide Web Consortium", es la organización que mantiene estándares abiertos para garantizar un crecimiento continuo y a largo plazo de la Web.

Con CSS, puede realizar varios cambios en su sitio web, incluyendo:

- Specify colores utilizados para el texto y fondos

- Elija el tamaño y el estilo de las fuentes para usar en encabezados, títulos, texto del cuerpo, enlaces, etc.

- Ajustar la cantidad de espacio entre los elementos,

- Undd o eliminar el borde y contornos a ciertos elementos

- Editar colores y diseño de tablas, formularios y otros elementos

- Controla el estilo de solo una (o ALL) páginas web

- Define qué dispositivo debe mostrarse un estilo determinado

- Crear una galería de imágenes

El archivo CSS normalmente se guarda como un archivo externo. Debido a que es independiente del HTML, puede cambiar el aspecto de un sitio web completo con solo reescribir un archivo. CSS definitivamente mejoró no sólo cómo se ven las páginas web, sino también cómo funcionan los desarrolladores web.

## Escritura CSS: Reglas básicas de CSS

Cada conjunto de reglas CSS se hace con dos cosas: un tipo de selector y un bloque de declaración.

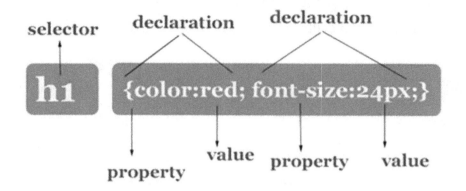

Como usted puede ver del conjunto CSS arriba:

- **selector** - esto le dice al navegador qué elemento HTML desea aplicar estilo

- **bloque de** declaración: contiene la propiedad CSS (qué tipo de elemento de estilo desea cambiar) y el valor (instrucciones específicas).

  o Los bloques de declaración comienzan y terminan con corchetes

  o Puede indicar dos o más declaraciones, siempre y cuando las separe con punto y coma

  o Finalice cada declaración con un punto y coma

  o La propiedad y el valor siempre están separados por dos puntos

En el ejemplo siguiente, vamos a cambiar la fuente a color verde y la alineación al centro.

```
<! DOCTYPE html>
<html>
<cabeza>
<estilo>
p á
color: verde;
alineación de texto: centro;
}
</estilo>
</head>
<cuerpo>

<p>Peter Piper</p>
<p>Escogió un picoteo de pimientos encurtidos</p>

</cuerpo>
</html>
```

¿Ves cómo cambiaste el estilo tan rápido?

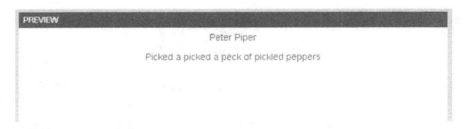

## Tipos de Selectores CSS

Como expliqué anteriormente, los selectores son necesarios porque esto indica a los navegadores que encuentren el elemento HTML en particular basado en el nombre, id, clase, atributo, etc. de un elemento.

- Selector de elementos: elige el elemento en función del nombre del elemento HTML.

- Selector de ID: utiliza atributos de ID HTML en lugar de nombre de elemento.

- Selector de clases: selecciona elementos dentro de una clase específica. Si decide seguir esta ruta, iniciará el CSS con un carácter de punto (.), antes de agregar el nombre de la clase.

  o Por ejemplo:

```
<! DOCTYPE html>
<html>
<cabeza>
<estilo>
p.center ?
alineación de texto: centro;
color: verde;
}

p.grande ?
tamaño de fuente: 200%;
}
```

```
</estilo>
</head>
<cuerpo>

<h1 class-"center">Este es un encabezado - no se va a
cambiar. </h1>
<p class-"center">Este párrafo será verde en color y centro-
aligned.</p>
<p class-"center large">Este párrafo será verde, alineado al
centro y en un tamaño de fuente grande.</p>

</cuerpo>
</html>
```

Esto puede parecer largo y de aspecto extraño, pero si has prestado atención a nuestras lecciones hasta ahora, este código (arriba) es definitivamente fácil.

Tenga en cuenta que los selectores CSS se pueden agrupar, por lo que en lugar de reutilizar las mismas definiciones de estilo una y otra vez, solo tiene que agrupar selectores del código dentro de un conjunto CSS. Esto produce un código más limpio.

## Comentarios de CSS

Lo más favorito de los códigos CSS es que te permite incluir una "nota" dentro de una línea (o varias líneas) de tu código. Nadie más puede ver esto, incluso los navegadores ignorarán los comentarios CSS (o cualquier cosa que comience con /* y termine con */.

Por ejemplo,

```
<! DOCTYPE html>
<html>
<cabeza>
<estilo>
p á
color: rojo;
/* Este comentario de una línea se ve así*/
alineación de texto: centro;
}

/* Así es como
una multilínea
comentario se parece a */

</estilo>
</head>
<cuerpo>

<p>Peter Piper</p>
<p>Escogió un picoteo de pimientos encurtidos</p>

</cuerpo>
```

Si comprueba este código en su editor HTML en línea, debería tener este aspecto:

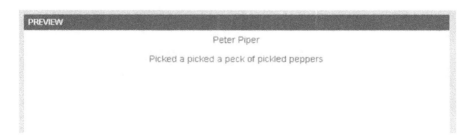

Si no puedes ver el texto de tu comentario CSS, es algo bueno porque estos comentarios no son para el visitante de tu sitio web de todos modos.

## CAMBIO DE COLORES Y ANTECEDENTES

HTML y CSS tienen los mismos colores: se pueden definir utilizando nombres de color compatibles con la web, valores RGB (y RGBA),HEX, HSL y HSLA.

Marque este ejemplo:

```
<! DOCTYPE html>
<html>
<cuerpo>

<h1 style-"border:2px rojo sólido; color de fondo:Naranja;"
>Peter Piper</h1>

<p style-"background-color:Yellow;" >
Elegí un picoteo de pimientos encurtidos
</p>

<p style-"color:MediumSeaGreen;" >Si Peter Piper escogió un
picoteo de pimientos encurtidos,
¿Dónde está el picoteo de pimientos encurtidos que eligió
Peter Piper? </p>

</cuerpo>
</html>
```

Con este código anterior, estamos tratando de lograr tres cambios de color:

1. El primer encabezado debe tener un borde en color rojo sólido

2. El color de fondo del primer encabezado para colorear naranja

3. El color de fondo del primer párrafo a amarillo

4. El color de fuente de su segundo párrafo al verde marino

Debería tener este aspecto:

**Peter Piper**

Picked a picked a peck of pickled peppers

If Peter Piper picked a peck of pickled peppers, Where's the peck of pickled peppers Peter Piper picked?

Al igual que en los colores HTML, también puede especificar RGB, HEX, HSL, RGBA y HSLA. Por ejemplo:

```
<! DOCTYPE html>
<html>
<cuerpo>

<h1 style-"background-color:rgb(223, 81, 143);" >Peter
Piper</h1>
<h1 style-"background-color:#DF518F;" >Escogió un
picoteo</h1>
```

```
<h1 style-"background-color:hsl(334, 68.9%, 59.6%);" >de
pimientos encurtidos</h1>

<h1 style-"background-color:rgba(255, 99, 71, 0.5);" >Si
Peter Piper escogió un picoteo de pimientos encurtidos,</h1>
<h1 style-"background-color:hsla(9, 100%, 64%, 0.5);"
>¿Dónde está el picoteo de pimientos encurtidos que peter
Piper escogió?</h1>
</cuerpo>
</html>
```

En el código anterior, los tres primeros encabezados usan el mismo color, pero se extrae de diferentes tipos de color. El primero utiliza RGB, el segundo utiliza valores HEX y el tercero utiliza HSL.

En la misma línea, los últimos 2 estilos de encabezado de ese código tienen el mismo color (ver más abajo), pero si profundizas en el código, verás el primer encabezado usando RGBA, mientras que el último usa HSLA.

**If Peter Piper picked a peck of pickled peppers,**

**Where's the peck of pickled peppers Peter Piper picked?**

Los visitantes de tu sitio web ni siquiera sabrán qué tipo de color solías hacer en los encabezados, así que decide cuál funcionaría mejor para ti.

Me encanta la flexibilidad de los valores HEX, así que elijo que más a menudo que los nombres de color RGB o HTML normales.

## Colores de fondo

A diferencia de cambiar el color de fuente, la elección de colores de fondo le ofrece opciones adicionales. En CSS, hay varias propiedades de fondo CSS que puede usar. Incluyen:

- **background-color** - Le dice al navegador web qué color de fondo utilizar, al igual que nuestro ejemplo s anterior.

- **imagen de fondo** - en lugar de un color de fondo sólido, puede asignar una imagen para que sea su fondo).

```
<! DOCTYPE html>
<html>
<cabeza>
<estilo>
cuerpo de cuerpo ?
```

```
background-image:
url("https://i.ibb.co/J5tNjvX/smokebelching.jpg");
}
</estilo>
</head>
<cuerpo>

<h1>Oh Mis Cigarross!</h1>
<p>Este párrafo es todo acerca de la imagen detrás de
él.</p>

</cuerpo>
</html>
```

Tenga en cuenta que, de forma predeterminada, una imagen se repite para que cubra toda la página web, pero también puede controlar este y otros estilos de imagen.

- **fondo-repetición-** Si especifica "no-repetir ", significa que la imagen solo se mostrará una vez, incluso si no cubre toda la página web.

  - background-repeat: repeat-x; - repite la imagen horizontalmente

  - fondo-repetición: repeti-y; - repite la imagen verticalmente

- **background-position** - Este sets la posición inicial de su imagen de fondo (por ejemplo: la parte superior derecha;

- **background-attachment: si no desea que la imagen de fondo** se desplace con el resto de la página web, estíbela mediante la propiedad background-attachment.

- **tamaño de fondo**: especifica el tamaño de la imagen de fondo

**Fuentes**

Una de las formas más fáciles de cambiar el aspecto del contenido de su sitio es cambiando las fuentes. Puede controlar varias propiedades de fuente, entre ellas:

- font-family: puede especificar el nombre de una fuente o simplemente un nombre de familia genérico. Incluso puede enumerar dos o más familias de fuentes (utilizando un sistema de reserva), para que los navegadores sepan qué fuente desea utilizar primero, segundo, etc.

  o serif, sans-serif, fantasía, cursiva monoespacial son algunos ejemplos de familias de fuentes

  o Si un nombre de familia de fuentes tiene dos palabras, debe escribirlo entre comillas (por ejemplo: "Courier New" o "Times New Roman"

```
<! DOCTYPE html>
< html LANG á "y" >
<cabeza>
<tipo de estilo"texto/css">
p á
font-family: Verdana, "Times New Roman", Times, serif;
}
</estilo>
</head>
<cuerpo>
<p>Este es un párrafo con 4 opciones de familia de fuentes,
comenzando con Verdana</p>
</cuerpo>
</html>
```

PREVIEW

This is a paragraph with 4 font-family options, starting with Verdana

- font-style - Se utiliza para elegir cursiva de la fuente. Puede configurarlo como normal, cursiva u oblicua (inclinado ligeramente)

  - Cursiva y oblicuo se ven similares, pero tendrías que acercarte para ver la diferencia

```
<! DOCTYPE html>
<html>
<cabeza>
<estilo>
p.normal ?
estilo de fuente: normal;
}

p.italic ?
font-style: italic;
}

p.oblique ?
estilo de fuente: oblicuo;
}
</estilo>
</head>
<cuerpo>

<p class-"normal">Así es como se ve un estilo de fuente
normal.</p>
<p class-"italic">Así es como se ve un estilo de fuente
cursiva.</p>
<p class-"oblique">Así es como se ve un estilo de fuente
oblicua.</p>
```

```
</cuerpo>
</html>
```

- font-size - Puede controlar el tamaño de las fuentes de varias maneras. Si no especifica este valor, los navegadores seguirán el tamaño de fuente predeterminado (o más específicamente, 16px o 1em para los párrafos).

  o tamaño de fuente usando píxeles - Muy flexible ya que tiene control total del tamaño de la fuente

  o tamaño de fuente mediante em: algunos desarrolladores web lo usan porque el valor se puede ajustar en todos los navegadores (excepto en las versiones anteriores de IE).

  o Tamaño de fuente mediante porcentaje: también puede utilizar de 1 a 100% para ajustar el tamaño de fuente de un elemento.

```
<! DOCTYPE html>
<html>
<cabeza>
<estilo>
h1 ?
```

```
tamaño de fuente: 40px;
}

h2 ?
tamaño de fuente: 1.875em;
}

p á
tamaño de fuente: 100%;
}
</estilo>
</head>
<cuerpo>

<h1>encabezado 1 utiliza píxeles</h1>
<h2>la partida 2 utiliza em</h2>
<p>Este párrafo utiliza percentage.</p>

</cuerpo>
</html>
```

PREVIEW

# heading 1 uses pixels

## heading 2 uses em

This paragraph uses percentage.

- font-variant : especifica si se debe mostrar una fuente en letra small-caps. Sin embargo, "pequeñas tapas" no es exactamente lo que estamos acostumbrados en el procesamiento de Word. En CSS, las mayúsculas pequeñas se refieren a letras mayúsculas (pero pequeñas).

```
<! DOCTYPE html>
<html>
<cabeza>
<estilo>
p.normal ?
fuente-variante: normal;
}

p.small ?
fuente-variante: mayúsculas pequeñas;
}
</estilo>
<encabezado>
<cuerpo>

<p class-"normal">Esta es la variante de fuente normal.</p>
<p class-"pequeña">Esta es la variante de fuente de
mayúsculas pequeñas.</p>

</cuerpo>
</html>
```

This is the normal font variant.

THIS IS THE SMALL-CAPS FONT VARIANT.

- font-weight: este valor especifica el peso de una fuente (normal o en negrita).

También puede establecer el tamaño del texto en "vw" y un valor adjunto a él. Esto significa "ancho de ventana gráfica" y permite un tamaño de fuente responsivo. El tamaño del texto sigue el tamaño del navegador, por lo que se reduce para los móviles o cuando cambia el tamaño del ancho del navegador.

Puede escribir valores vw con encabezados, párrafos, texto del cuerpo, etc. Por ejemplo:

- <h1 style-"tamaño de fuente:10vw;" >Cambiar el tamaño de la ventana del navegador para ver el cambio de tamaño del texto</h1>

- <p style-"font-size:4vw;" >Cambiar el tamaño de la ventana del navegador para ver cómo se escala el tamaño del texto.</p>

**Diseño del sitio web de estilo con el modelo de caja**

En CSS, el término "modelo de cuadro" describe cómo se distribuyen los elementos HTML en una página web. Puede controlar el diseño y el diseño de estas "cajas".

Imagine el modelo de cuadro CSS como un cuadro literal.

- Contenido - Esta es la parte central del cuadro donde se colocan los elementos HTML (imagen, párrafo, tablas, vídeo, listas, formularios, etc.).

- Relleno: ajusta el contenido y proporciona un espacio transparente alrededor de los elementos HTML incluidos en el contenido

- Borde - Este espacio es el siguiente después del relleno y va alrededor de todos los ángulos, así.

- Margen - Al igual que el relleno, este espacio transparente le permite borrar un área alrededor del borde.

A medida que avanzamos, probablemente sentirás que hay propiedades interminables que aprender. No te sientas muy abrumado por esto, es fácil volver al fragmento exacto de códigos para usar. Por ahora, vamos a aprender qué tipos de cambios puede hacer para el borde de la página web, relleno, márgenes, así como la altura y la anchura.

Además, dado que CSS fue desarrollado específicamente para hacer nuestras vidas más fáciles, puede establecer sus estilos una vez y utilizar esos ajustes a través de diferentes elementos de todas las páginas web.

## Fronteras

En CSS, las propiedades de borde le ayudarán a cambiar el ancho, el color y el estilo del borde de un elemento.

## Color del borde

Puede establecer colores de borde para los cuatro bordes. (Puede tener una configuración para las 4 esquinas o especificar un color diferente para cada esquina).

Al igual que las fuentes, los fondos y otros elementos relacionados con el color, puede elegir el color del borde:

- nombre - especifique un nombre de color compatible con la web, como "verde"

- Hexadecimal: especifique un valor hexadecimal, como "#ff00ff"

- RGB - especifique un valor RGB, como "rgb(0,255,0)"

- Transparente

Tenga en cuenta que si no especifica los colores del borde, solo usará el estilo ya establecido para ese elemento en particular.

## Ancho del borde

Mediante la propiedad border-width en CSS, puede modificar el aspecto delgado o grueso del borde. Puede utilizar tamaños específicos en píxeles, cm, em, etc., o simplemente seguir con los tres valores de ancho de borde predefinidos: delgado, medio o grueso.

Al especificar el ancho del borde, puede controlar uno, dos, tres o cuatro valores. Es decir, puede tener diferentes configuraciones para el borde superior, el borde derecho,el borde de bottom y el borde izquierdo.

## Estilo de borde

Hay numerosos tipos de estilos de borde - desde el borde sólido regular a los más elegantes como "groove" o variaciones 3D. Incluso puede definir su borde para que tenga estilos de borde "ninguno" o "oculto".

Estos son los valores de estilo de borde para elegir:

- puntos - Hace  un borde punteado

- discontinua - Hace  un borde discontinuo

- sólido - Hace  un borde sólido

- doble - Hace  un doble borde

- ranura - Hace un borde ranurado 3D

- cresta - Hace  un borde en 3D.

- inserción: crea un borde de inserción 3D.

- inicio - Hace  una frontera de salida 3D.

- ninguno - No hace frontera

- oculto - Hace un borde oculto

* Tenga en cuenta que todo el estilo de borde 3D puede tener errores (o no mostrar como usted pretende que sean) porque los efectos dependerán del valor de color de borde también.

Al escribir CSS, debe especificar la configuración de cada propiedad. (Vea el código siguiente para ver lo que quiero decir)

```
<! DOCTYPE html>
<html>
<cabeza>
<estilo>
p.solid -estilo de borde: sólido;
p.dotted -estilo de borde: punteado;
p.dashed -estilo de borde: discontinuo;
p.double -estilo de borde: double;
p.groove -estilo de borde: groove;
p.ridge -estilo de borde: cresta;
p.inset á border-style: inset;
p.outset -estilo de borde: outset;
p.none -estilo de borde: ninguno;
p.hidden -estilo de borde: oculto;
p.mix -estilo de borde: doble sólido punteado discontinuo;
</estilo>
</head>
<cuerpo>

<h2>Propiedad de estilo de borde</h2>
<p>Tiene muchas opciones de estilo de borde</p>
```

```
<p class-"solid">Este es un borde sólido.</p>
<p class-"dotted">Este es un borde punteado.</p>
<p class-"dashed">Este es un borde discontinuo.</p>
<p class-"double">Este es un borde doble.</p>
<p class-"groove">Este es un borde de ranura.</p>
<p class-"ridge">Este es un borde de cresta.</p>
<p class-"inset">Este es un borde de inserción.</p>
<p class-"outset">Este es un borde de inicio.</p>
<p class-"none">Esto no muestra ningún borde.</p>
<p class-"hidden">Este es un borde oculto.</p>
<p class-"mix">Este es un borde mixto.</p>

</cuerpo>
</html>
```

**PREVIEW**

# These are border-style Properties

You have a lot of border style options

This is a solid border.

This is a dotted border.

This is a dashed border.

This is a double border.

This is a groove border.

This is a ridge border.

This is an inset border.

This is an outset border.

This shows no border.

This is a mixed border.

Como se puede ver en el código anterior, todo, desde <estilo> a </estilo> define el tipo de estilo de borde para cada esquina. Por ejemplo, el borde mixto no se mostrará tal como está si no se especifica **p.mix -estilo de borde: doble sólido discontinuo punteado;** primero.

## Radio fronterizo

También puede optar por bordes redondeados y establecer "qué tan redondeado" desea que sea.

En el backend, su CSS se verá así:

```
<! DOCTYPE html>
<html>
<cabeza>
<estilo>
p.normal ?
borde: azul sólido de 2px;
}

p.round1 ?
borde: 2px punto rojo;
radio fronterizo: 5px;
}

p.round2 ?
borde: 2px doble verde;
radio fronterizo: 8px;
}

p.round3 ?
borde: 2px negro discontinuo;
```

```
radio fronterizo: 12px;
}
</estilo>
</head>
<cuerpo>

<h2>Propiedad de radio de borde</h2>
<p>¿Qué tan redondeados te gusta que se vean tus bordes?</p>

<p class-"normal">Borde normal</p>
<p class-"round1">Borde redondo</p>
<p class-"round2">Borde de rounder</p>
<p class>"round3">Borde más redondo</p>

</cuerpo>
</html>
```

Pero una vez que lo compruebe en su editor HTML en línea, así es como todos los visitantes de su sitio web lo ven mostrado:

## Márgenes

Los márgenes CSS le dan control sobre el espacio alrededor de los elementos. Puede cambiar cada lado de un elemento (arriba, abajo, izquierda, derecha) al margen que desee que tenga.

Al ajustar el margen, deberá especificar mediante "margen superior", "margen inferior", "margen-izquierda" o "margen-derecha" junto con valores, como:

- longitud: puedes usar cm, px (píxeles), pt, etc,

- %: definir el margen por cuánto porcentaje del ancho de un elemento

- auto: da control de las mediciones de margen a los navegadores

- heredar: el mismo margen que el elemento primario

Con este ejemplo, aquí está cómo puede controlar los márgenes con CSS:

```
<html>
<cabeza>
<estilo>
div ?
margen superior: 25px;
margen inferior: 100px;
margen-izquierda: 50px;
margen-derecha: 125px;
fondo-color: amarillo;
```

```
}
</estilo>
</head>
<cuerpo>

<h2>Así es como se pueden controlar los márgenes de los
elementos</h2>

<div>Este elemento div tiene un margen superior de 25px, un
margen inferior de 100px, un margen izquierdo de 50px y un
margen derecho de 125px.</div>

</cuerpo>
</html>
```

## This is how can control the margins of elements

This div element has a top margin of 25px, a bottom margin of 100px, a
left margin of 50px, and a right margin of 125px.

## Acolchado

Mientras que el espacio fuera del elemento es un margen, el espacio desde el borde hasta el contenido se denomina "padding."

El relleno se puede ajustar con los mismos valores que los márgenes, excepto que tendrá que especificar con el usode "padding-top," "padding-bottom", "padding-left" o "padding-right"

Pruébalo con este código:

```
<html>
<cabeza>
<estilo>
div ?
fondo-color: amarillo;
padding-top: 50px;
fondo de relleno: 75px;
padding-izquierda: 100px;
padding-right: 10px;

}
</estilo>
</head>
<cuerpo>

<h2>Así es como se puede controlar el relleno de
elementos</h2>

<div>Este elemento div tiene un relleno superior de 50px, un
relleno inferior de 75px, un margen izquierdo de 100px y un
margen derecho de 10px.</div>

</cuerpo>
</html>
```

Debería parecerse mucho a esto:

# This is how can control the padding of elements

This div element has a top padding of 50px, a bottom padding of 75px, a left margin of 100px, and a right margin of 10px.

## Monitor

Con el CSS, usted dice a los navegadores cómo desea que se muestre un fragmento de código.

La visualización predeterminada se encuentra en dos tipos: bloque o en línea.

- Bloquear: estos elementos se inician en una nueva línea.

  - Se escriben desde la izquierda más a la izquierda y se extiende tan lejos como puede.

  - Ejemplos de elementos de nivel de bloque son <div>, <h1> en <h6>, <p>, <footer>, <section>

- En línea: estos elementos no se inician en una nueva línea.

  - Se pueden escribir entre párrafos y otros elementos

o Ejemplos de estos son <img>, <a> o <span>

También puede ocultar un elemento utilizando "display: none; " o " visibility:hidden; ".

## Ancho y Anchura Máxima

En los elementos de nivel de bloque, el elemento se extiende automáticamente a la derecha (o hasta donde pueda). Pero puede establecer el ancho de cualquier elemento de nivel de bloque para evitar que se extienda a los bordes del contenedor.

Por ejemplo:

```
<! DOCTYPE html>
<html>
<cabeza>
<estilo>
div.example1 ?
ancho: 250px;
margen: auto;
Borde: 3px rojo sólido;
}

div.example2 ?
ancho máximo: 500px;
margen: auto;
borde: azul punteado de 3px;
}
</estilo>
</head>
<cuerpo>
```

```
<div class-"example1">Este elemento div tiene ancho:
250px;</div>
<br>

<div class-"example2">Este elemento div tiene el ancho
máximo: 500px;</div>
```

Este código debe resultar en esto:

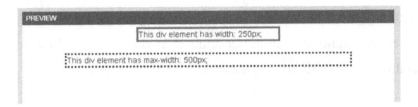

Si un visitante tiene un pequeño navegador, el ancho establecido para el elemento no importará porque el explorador agrega automáticamente una barra de desplazamiento a la página. Para tener algún tipo de control cuando esto sucede, puede agregar un valor de ancho máximo para mejorar la forma en que un explorador muestra el contenido.

## La propiedad Position

Si la propiedad display indica a los exploradores cómo mostrar elementos, la propiedad position indica a los exploradores cómo se debe colocar un elemento en una página.

Puede establecer la propiedad position con cinco valores diferentes:

- estático- Este es el valor predeterminado, lo que significa que los navegadores lo utilizan si no especifica la posición.

- relativo - como su nombre indica, los elementos específicos de este valor se colocan en relación con su posición normal.

- fijo - Esto significa que el elemento permanece donde está, incluso si la página se desplaza hacia arriba, abajo, izquierda, derecha

- absoluto - Los elementos posicionados "absolutamente" se muestran fuera del flujo normal, ocupando ningún espacio por sí solos, pero uniendo sus elementos hermanos. Es más fácil entenderlo con un ejemplo:

```
<! DOCTYPE html>
< html LANG á "y" >
<cabeza>
<h2>Posicionamiento absoluto en CSS</h2>
<tipo de estilo"texto/css">
.box
posición: absoluta;
superior: 100px;
izquierda: 100px;
color: amarillo;
ancho: 60%;
fondo: negro;
relleno: 20px;
}
.container?
```

```
relleno: 25px;
margen: 50px;
posición: relativa;
borde: 5px puntonegro;
font-family: Verdana, sans-serif;
}
.container p -
altura de línea: 50px;
}
</estilo>
</head>
<cuerpo>
<div class-"container">
<div class-"box">
<h2>Cuadro posicionado absoluto</h2>
<div><strong>Nota:</strong> Este cuadro está absolutamente
posicionado en relación con el elemento DIV contenedor. Se
desplaza automáticamente a medida que la página se
desplaza.</div>
</div>
<p>Lorem ipsum dolor sit amet, consectetur adipiscing elit.
Nam eu sem tempor, varius quam en, luctus dui. Mauris magna
metus, dapibus nec turpis vel, semper malesuada ante.
Vestibulum id metus ac nisl bibendum scelerisque non purus.
Suspendisse varius nibh non aliquet sagittis. En tincidunt
orci sit amet elementum vestibulum. </p>
```

El código anterior debería tener este aspecto:

## Absolute Positioning in CSS

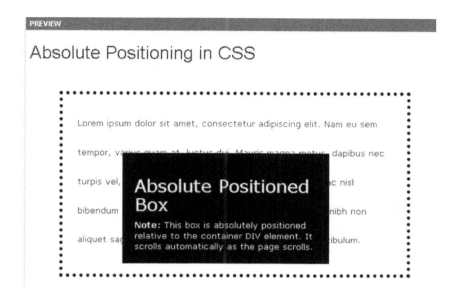

Como ya sabe, las posiciones de los elementos HTML (imágenes, formularios, cuadros de texto, etc.) se pueden ajustar utilizando las propiedades izquierda, derecha, superior e inferior.

Lo que quizás no sepas es que primero tendrás que configurar las propiedades de posición CSS para que funcionen los ajustes izquierdo/derecho/superior/inferior.

## Desbordamiento

Si los elementos son demasiado grandes dentro de un contenedor, la propiedad "DESBORDAMIENTO CSS" indica a los exploradores qué hacer con el contenido.

Tiene opciones de controlar los bordes izquierdo y derecho de su contenido con "overflow-x" o los bordes superior e inferior con "overflow-y".

171

A continuación, puede utilizar los siguientes valores:

- visible: este es el valor predeterminado, lo que significa que todo el contenido debe ser visible, incluso si no se ajusta al contenedor y llevaría los elementos fuera del cuadro. Como resultado, los elementos pueden superponerse.

- oculto: los navegadores recortan contenido que "desborda", lo que resultaría que algún contenido se ocultaría.

- desplazamiento - Similar al valor oculto, ya que el contenido desbordante se cortará. Pero los navegadores agregarán un mecanismo de desplazamiento para que los lectores puedan seguir accediendo al contenido oculto.

- automático: los navegadores añadirán automáticamente barras de desplazamiento si el contenido se desborda. Si no se desborda, no aparecerá ninguna barra de desplazamiento.

## Alineación

CSS le permite alinear elementos de varias maneras.

- Alineación de texto: usará la propiedad "text-align" con valores superiores, izquierdos, centrales, a la derecha, etc.

- Margin propiedad: si un contenedor completo (como un <div>) ya tiene la configuración de margen, esta configuración también se puede aplicar a varios elementos dentro de ese contenedor.

- Position (propiedad): también puede utilizar la propiedad position (superior, inferior, izquierda, derecha) para texto, imágenes y otros elementos contenidos en un elemento primario.

- Flotar: aunque solo puede controlar la alineación izquierda o derecha de un elemento con la propiedad float, es ideal para instancias en las que desea que una foto se alinee a la izquierda usando "float: left" pero mantenga el texto junto a él centrado.

Como puede ver en las reglas de alineación, muchos de los temas que hemos aprendido ahora se están combinando, por lo que puede elegir la mejor propiedad CSS posible para un escenario determinado.

## CSS Validación

Una vez que su código CSS es completo, usted necesita marcar si cumplen con los estándares y las pautas establecidas por el Wide Web Consortium (W3C) para el documento CSS.

Visite el validador CSS de W3.org y pegue su documento CSS allí. Esta herramienta comprobará si la hoja de estilos tiene errores, como la falta de punto y coma o corchetes, y le indicará si el código tiene propiedades no válidas.

Además de comprobar de los errores que ha cometido por error, la validación de CSS también puede ayudar con estas 3 cosas importantes:

- *Compatibilidad* - Compruebe su código CSS en todos los navegadores, para que sepa si el documento puede soportar varias plataformas

- *SEO en la página* - Si su código CSS es compatible con los estándares web, los bots que deambulan por las salas de Internet encontrarán su sitio web más rápido. Como resultado, sus páginas siempre se actualizarán y tendrán mejores posibilidades de aparecer en los resultados de búsqueda.

- Retención de visitantes: los sitios web accesibles para todos pueden retener visitantes y ganar personas leales. Si vendes productos o servicios en el sitio web, esto significa que estás ganando clientes.

Validar CSS es una parte esencial de la lista de comprobación de cualquier desarrollador web. Evita errores inesperados en el futuro con solo una prueba rápida.

# CAPÍTULO 6

# RECURSOS DE CÓDIGO QUE VALE LA PENA COMPROBAR

Incluso si cree que sabe mucho acerca de la programación, nada debería impedirle explorar otros recursos en línea que potencialmente podrían ampliar sus conocimientos. Los lenguajes de programación están evolucionando bestias y los marcos de trabajo y los IDE se mantienen cada vez mejor. Es posible que se añadan nuevas características de vanguardia, por lo que si quieres seguir una carrera de programación algún día, tienes que estar al día con los tiempos. Aquí hay un montón de referencias que seguramente conseguirán su cerebro de programación ocupado.

## Sitios interactivos

Varios de los sitios que mencioné en los capítulos anteriores son sitios web interactivos que le permiten probar el código y ejecutarlo en línea. Estos sitios son excelentes para principiantes porque todo el trabajo de compilación se realiza en sus servidores por lo que no necesita un PC potente para ver los resultados de su programación. Considere estos sitios como lienzos de práctica, ya que no desea verter cientos de líneas en un sitio interactivo.

Si los editores en línea HTML y C+ no son suficientes para ti, prueba a visitar https://paiza.io porque ofrece docenas de otros lenguajes. Es compatible con Bash, C, PHP, Python e incluso Objective-C y Swift. Sólo necesitas crear una cuenta allí si quieres guardar tu trabajo, pero incluso si usas el sitio como invitado, eres totalmente libre de copiar el código que hiciste y pegarlo localmente.

Si te encuentras seco en ideas y quieres flexionar tus habilidades de programación un poco más, echa un vistazo al sitio web de Coderbyte en https://www.coderbyte.com/ . Coderbyte tiene un enfoque muy interesante para mejorar la forma en que codifica. Ofrece una serie de cursos de vídeo para que pueda aprender los conceptos básicos en JavaScript, Python y otros lenguajes y tiene una sección dedicada a algoritmos que contiene una creciente lista de ejercicios y formas de abordar el problema. La sección más emocionante de Coderbyte son los desafíos de código en los que puedes elegir un problema que necesitas resolver y elegir el idioma en el que quieres codificar e inmediatamente te pones a trabajar en un entorno de programación en línea. Puedes desafiarte a ti mismo a hacerlo todo por tu cuenta o puedes aprender de otras personas que lograron el desafío y ver exactamente lo que hicieron. Es muy educativo ver a diferentes personas en todo el mundo compartiendo sus propias maneras de resolver el problema. Puede usar este conocimiento para codificar de forma más eficiente y descubrir trucos sobre cómo simplificar instrucciones complicadas.

Dos de las cosas que Coderbyte carecen son los desafíos HTML y CSS. Afortunadamente, otro sitio web llamado freeCodeCamp (https://www.freecodecamp.org) ofrece un plan deestudios completo y gratuito en HTML5 y CSS3. Una vez que haya aprendido algunas cosas, puede participar en una buena variedad de desafíos de programación. Necesitas crear una cuenta para ver el plan de estudios y estos desafíos, pero puedes usar tu Google, Facebook o GitHub para subir directamente a bordo. También tienes acceso a un foro donde puedes interactuar con otras personas aprendiendo código.

## Juntas de debate

Hablando de foros, los tableros de discusión siguen siendo muy populares para intercambiar ideas de programación o simplemente pedir ayuda. Toneladas de personas quieren aprender a codificar en estos días, desde estudiantes hasta personas que pueden haber sido despedidas debido a la automatización. Participe en estas comunidades y podría aprender algunas cosas que normalmente vería en los cursos de programación de pago. ¡No tengas miedo de hacer preguntas!

StackOverflow es uno de los mayores sitios web públicos de preguntas y respuestas que existen con más de 17 millones de preguntas relacionadas con la programación publicadas. Usted realmente puede encontrar trabajos de programación allí y se puede ganar puntos de reputación con sólo ayudar a otros codificadores novatos. Usted es libre de acechar alrededor del sitio de forma anónima y sólo tiene que crear una cuenta si desea hacer preguntas o comentarios. Los codificadores están tan extendidos en todo el mundo que incluso se puede hacer una pregunta relacionada con la programación en Quora y se pueden obtener algunas respuestas de otros programadores. Quora tiene su propia etiqueta especial para la programación, por lo que los fragmentos de código publicados en realidad parecen fáciles de leer en subprocesos de Preguntas y respuestas.

¡La programación también tiene una enorme presencia en las redes sociales! Siempre y cuando estés de acuerdo con el uso de tu nombre real para participar en tableros de discusión, puedes seguir adelante y unirte a varios grupos de Facebook. Obviamente, quieres unirte a las comunidades más grandes solo para que haya más posibilidades de que la gente responda a tu pregunta antes.

Sería imposible cerrar esta sección sin mencionar a Reddit. Para los no iniciados, Reddit es un gran sitio web de discusión donde las personas pueden crear sus propias juntas llamadas subreddits y los miembros de estas juntas publican temas y enlaces. Puede ser difícil llegar a las comunidades de programación allí, ya que hay un montón de subreddits creados por el usuario, pero los principiantes pueden sentirse como en casa en los grupos genéricos. Por ejemplo, el subreddit r/Python está lleno de más de 300.000 miembros y puedes encontrar todo tipo de pepitas allí, desde libros electrónicos gratuitos hasta problemas reales donde la gente puede ayudar. El sistema de votación permite que los temas candentes lleguen a la primera página, haciendo de Reddit una gran fuente de noticias relacionadas con la programación. En un mundo consciente de la seguridad, desea asegurarse de que está actualizado con el último zumbido.

También vale la pena mencionar que muchos de los lenguajes de programación de alto nivel han existido más tiempo que Facebook, Reddit y otros grandes sitios. Antes de que esos sitios existieran, la gente interactuaba en foros y hay un montón de sitios por ahí. CodeProject, por ejemplo, ha existido desde principios de la década de 2000 y la actividad del sitio no se ha ralentizado un poco en 2019 con más de 9 millones de miembros a bordo.

### Recursos de vídeo

De los miles de millones de videos que se encuentran en YouTube, una buena fracción de ellos están relacionados con la programación. No es una opción muy obvia para buscar consejos de programación ya que no se puede compartir directamente el código fuente, pero hay un montón de YouTubers talentosos por ahí que realmente se toman el tiempo en explicar cómo codificar junto con todo tipo de consejos y trucos. Recuerda que puedes ganar dinero en YouTube con anuncios de pago y la única manera de hacer de un canal de YouTube una fuente pasiva de ingresos es seguir subiendo contenido nuevo para mantener a los suscriptores comprometidos y atraer a otros nuevos. Así que suscríbete a estos canales y estar atento a las listas de reproducción. Esta larga serie de tutoriales de programación podría ser el descanso que necesita de una sesión agotadora de programación. ¿Lo mejor de todo? Puede verlos en su teléfono o tableta y todavía tiene espacio en su computadora para codificar mientras escucha y aprende.

La popularidad y el enfoque generado por los usuarios de YouTube es una espada de doble filo. Puede haber algunos videos aquí y allá que pueden tener buenas ideas pero mala presentación. Es comprensible tener una necesidad de contenido seleccionado donde las lecciones de programación de vídeo tienen una sensación de consistencia y autoridad. Afortunadamente hay sitios como el de Khan Academy y como YouTube, puedes acceder al contenido de forma gratuita.

## Juegos

Aprender a codificar puede ser un viaje difícil y es posible que ni siquiera sientas que hay alguna recompensa a la vista, especialmente cuando te encuentras con algunos obstáculos serios en el camino. A veces, es bueno tomar un descanso de eso y hacer un poco de juego. ¡Y no, no me refiero a Fortnite! Los juegos que sugiero deben tener algo de amarre a la productividad.

Vamos a empezar simple - un juego de mecanografía. Usted tiene su teclado mecánico, pero su escritura sigue siendo un poco lento. Trate de tomar un descanso y jugar un juego de TypeRacer (https://play.typeracer.com/) o cualquier otro juego demecanografía en línea gratis. Mejorar tus palabras por minuto siempre es un logro y puedes usar ese pequeño impulso en confianza para codificar más rápido.

A continuación, vamos a entrar en un juego de programación real! CodeCombat es un excelente juego para empezar si quieres aprender JavaScript, Python o CoffeeScript. Usted no necesita ninguna experiencia con estos lenguajes en absoluto porque el juego tiene un enfoque de mano para enseñar a todos dentro de un juego de aventura gráfica. Son juegos como este los que hacen que la programación sea atractiva para los más jóvenes y las escuelas primarias. CSS Diner es otro buen juego para probar si quieres mejorar la forma en que estableces tus códigos CSS.

Si no has decidido completamente en qué lenguaje de programación quieres centrar tus esfuerzos de programación, todavía puedes disfrutar de un juego que es un poco independiente del lenguaje y pone los conceptos más adelante como variables y declaraciones condicionales. ¿Alguna vez has querido ver cómo es el primer capítulo en forma de juego?

Probablemente te divertiría mucho jugando minecraft Code (https://code.org/minecraft). Sí Microsoft es un jugador importante en conseguir que la gente codifique y use la marca Minecraft para hacer que la programación sea lo más atractiva posible. Hay un par de juegos de programación con temática de Minecraft para probar y vienen en sabores fuera de línea y en línea.

Si usted no es un gran fan de la presentación infantil (en realidad no debería importar porque todos estos juegos son educativos!), hay un par de sitios de juego más maduros pero aún agradables como CodinGame. Dependiendo del juego, es posible que necesite poseer algunos conocimientos básicos en Java o Python o algunos otros lenguajes de programación, pero el entorno en el que trabajará se siente como un híbrido de videojuegos IDE. También hay algunos juegos competitivos que te enfrentan a otros codificadores que siempre es bueno, ya que puedes descubrir otros enfoques creativos y posiblemente más eficientes para resolver un problema.

## Hardware

Si desea involucrar a los niños más pequeños con la programación, la introducción de este libro o muchas de las otras referencias probablemente no los conseguirá en ninguna parte. Sin embargo, algunas personas inteligentes que tienen una pasión por el aprendizaje STEM construyeron algún hardware real que hace que la programación sea mucho más accesible y relacionable. Tomemos como ejemplo el kit de computadoras Piper. Es un kit de computadora de $299 con una pantalla real y está lleno de todo tipo de rompecabezas para animar a los niños a pensar su manera de salir de un problema mientras aplican la lógica básica de programación. Es una manera divertida de hacer que los niños vean la programación en una luz positiva e incluso podría enseñarte una o dos cosas si nunca intentaste codificar en toda tu vida.

Para los adultos, el hardware adicional no es realmente necesario para aprender a codificar aparte de las cosas que mencioné en el Capítulo 3. Pero si quieres pensar un poco fuera de la caja y llevar tus habilidades de programación fuera de la pantalla de la computadora, conseguir una Raspberry Pi podría llevarte a lugares. El hardware grita aficionado como la Raspberry Pi toma la forma de una pequeña placa base del tamaño de una tarjeta de crédito. Usted puede empezar simple mediante la compra de un caso para el tablero por lo que termina con un pequeño ordenador capaz de codificar o se puede mirar en línea y ver todos los robots de lujo que la gente hace y utilizar la Raspberry Pi como el cerebro de estos robots.

No voy a tocar profundamente en Raspberry Pi, pero es un buen punto de partida ya que sólo cuesta $35 y el sistema operativo basado en Linux diseñado para Raspberry Pi – Raspbian viene con Python preinstalado, así como IDLE 3 que es un IDE de Python. Y no olvides que Python es uno de los lenguajes de programación más fáciles de aprender.

# CAPÍTULO 7

## CONSEJOS Y TRUCOS

---

Si usted es un codificador principiante, un programador en ciernes o un desarrollador experimentado, la programación es realmente un viaje sin fin y nunca debe conformarse con las habilidades que ya tiene o aprendió recientemente. Siempre afíncate con la programación con una mentalidad vanguardista y descubre maneras de mejorarte a ti mismo porque así es como las personas hacen historia cuando hacen programas que millones de personas usan. Y tampoco hay necesidad de apresurarse. Tome medidas para bebés y siga algunos de los consejos y trucos que pueden mejorar su productividad y posiblemente reducir la frustración.

### Configurar un sistema de copia de seguridad fiable

Hemos llegado a un punto en el que simplemente no hay excusa para perder datos. Esto se debe a que la informática en la nube se ha integrado tanto con los sistemas operativos que apenas se necesitan un par de pasos para obtener una copia de seguridad completa del código fuente. Seguro que hay descompiladores que pueden transformar un programa compilado en código fuente, pero es mucho mejor simplemente almacenar el código fuente en un lugar como OneDrive. Los archivos de código fuente son generalmente pequeños y puede hacerlos aún más pequeños a través de aplicaciones de compresión de archivos como WinRAR.

Hacer copias de seguridad de sus archivos importantes es muy simple en Windows 10. Simplemente cree una carpeta en la carpeta OneDrive y coloque todos los códigos fuente y otros proyectos allí. Abra esa carpeta y observe el estado de la copia de seguridad. Si hay una marca de verificación verde, el código ya está respaldado en la nube. Si no es así, es posible que tenga que iniciar la aplicación OneDrive desde el menú Inicio e iniciar sesión en su cuenta Microsoft. Una vez que haya terminado de realizar una copia de seguridad, también puede copiar esos mismos archivos en una unidad flash o un disco duro externo en caso de que su cuenta se vea comprometida o OneDrive se vea inesperadamente bajo mantenimiento.

Tampoco debería poner todos sus huevos en una sola cesta de nubes, así que haga que sea un hábito confiar en varios servicios en la nube. Dropbox funciona de forma bastante similar a OneDrive y puedes tener ambas aplicaciones ejecutándose en segundo plano, lo que te da más espacio de almacenamiento en línea. Luego, una vez que te conviertas en un programador más experimentado, puedes intentar subir tu código a repositorios como GitHub. Además de eso, los servicios en la nube hacen que sea muy conveniente compartir su código fuente con otros.

## Ordene su espacio de trabajo con escritorios virtuales

Ya mencioné cómo los monitores duales pueden mejorar realmente su productividad de programación. Sin embargo, no son para todos. Un segundo monitor puede ser toda una inversión para algunas personas y necesitarás espacio adicional en tu escritorio para configurarlo. Tal vez prefieras trabajar tu magia de programación en un portátil. Tanto Windows 10 como macOS vienen con características que te permiten ordenar tus ventanas y aplicaciones abiertas en uno o más escritorios. Windows 10 llama a este escritorio virtual mientras que macOS lo llama Espacios. El primer escritorio podría ser el editor de código o IDE en pantalla completa, mientras que los otros escritorios mostrarán el diagrama de flujo. Lo mejor de estos escritorios virtuales es la facilidad de cambiar de escritorio. Un gesto deslizante de tres o cuatro manos en el panel táctil te lleva rápidamente de un escritorio a otro. Con una configuración de teclado y ratón, puede mantener presionada la tecla Windows y pulsar Tab para abrir la línea de tiempo y crear nuevos escritorios virtuales. Las teclas de acceso rápido Ctrl+Windows+Izquierda y Ctrl+Windows+Derecha le permiten desplazarse por los escritorios virtuales.

## Imprimir hojas de trucos

Mientras que Internet tiene una gran cantidad de guías de lenguaje de programación, usted todavía tiene que usar Google como su camino a ellos y a través de diferentes referencias o haga clic a través de diferentes partes del manual para recordar cosas como la sintaxis de un comando en particular o algunos inteligentes formas de escribir una declaración. Muchos IDE tienen funciones de autocompletar para facilitar la programación, pero los editores de código fuente aptos para principiantes carecen de la característica. Una buena solución a esto es imprimir "hojas trampa".

Hay dos maneras de hacer esto y el primer método es muy simple. Sólo tiene que hacer una búsqueda en Google y buscar hojas de trucos de su lenguaje de programación preferido en línea. A continuación, haga clic en la pestaña "Imágenes" y debería ver varias hojas fáciles de imprimir. Cuanto mayor sea la resolución, más clara será la impresión y podrá salirse con la suya imprimiendo en un trozo de papel más grande si su impresora lo admite. A continuación, puede grabarlo en su pared o fijarlo en su corcho y tiene una referencia inmediata a la sintaxis y otra información importante sobre el lenguaje de programación sin ocupar el espacio de pantalla en su ordenador.

El segundo método es diseñar su propia hoja de trucos. Esto requiere algunas investigaciones, pero la ventaja es que usted controla el contenido, el diseño y el diseño. Si su impresora no puede imprimir páginas grandes, puede considerar la posibilidad de crear varias hojas de trucos que pueda grabar juntas. Es una gran alternativa de bajo costo para conseguir un segundo monitor.

## Tinker con la interfaz del Editor de código

Los editores de código fuente y los IDE son personalizables por una buena razón: para atender a tantos programadores diferentes como sea posible. Incluso los editores de texto muy básicos como el Bloc de notas de Windows le permiten cambiar el tamaño de fuente y el tipo de fuente. Lo bueno de los sistemas operativos como Windows y macOS es que puedes descargar fuentes de la Web y aplicarlas a cualquier aplicación que admita la personalización de la interfaz. Resulta que hay un montón de fuentes de código fácil por ahí en caso de que usted está aburrido de Courier New. Dale una oportunidad a estas fuentes y es posible que la lectura de tu código sea más fácil en los ojos y que estés más de humor para trabajar en proyectos largos. No olvide ajustar el tamaño de fuente también porque es posible que tenga más fácil detectar errores y errores de sintaxis.

Tampoco tienes que parar allí porque otros aspectos de la interfaz también pueden ser personalizables. Algunos editores de código pueden tener temas como un tema oscuro que algunos programadores prefieren, ya que ayudan a reducir las distracciones. También puedes comprobar si hay un modo de "Pantalla completa" que oculta cosas como la barra de tareas para que no te sientas tentado a comprobar tus feeds de redes sociales o cualquier cosa que no esté relacionada con la programación para romper tu impulso.

## Mejora tu enfoque con la música

La programación requiere una gran concentración porque usted podría estar lidiando con tantos problemas a la vez. ¿Hay posibles defectos en mi algoritmo? ¿Son correctas las fórmulas matemáticas? ¿Tengo demasiadas variables? ¿Debo reducir el número de declaraciones condicionales? ¿Mi programa es seguro? Estas preguntas persistentes pueden llevar al estrés, especialmente si no te encuentras avanzando hacia una respuesta. Cuando tienes estos períodos de ansiedad, la música puede ser un diferenciador. ¿No me crees? Ir a Spotify o YouTube y buscar listas de reproducción de música de programación y leer los comentarios. La música pacífica y atmosférica sin letra puede calmar la ansiedad y ayudarte a mantenerte en el objetivo. Una vez que realmente te metes en él, es posible que desees agregar otra pieza de hardware a tu lista de Capítulo 3, un par de auriculares con cancelación de ruido.

## Dele buen uso a su Smartphone

¿Sabías que tu smartphone también puede ser una herramienta para codificar? Basta con mirar Google Play Store o iOS App Store y encontrarás una gran cantidad de herramientas móviles que pueden ayudarte con la programación. Algunas de las aplicaciones como las del desarrollador Solo Learn vienen en forma de cursos reales que le enseñan lenguajes. Así que si necesita tomar un descanso con el teclado y hacer algunas cosas casuales en su teléfono inteligente, reserva un poco de tiempo para aprender a codificar directamente desde la comodidad de su teléfono. No olvides también que tu teléfono tiene una aplicación Kindle y puedes descargar este mismo libro en tu dispositivo para que tengas una guía de referencia de programación de bolsillo que puedas consultar en cualquier momento.

# Conclusión

En el primer capítulo, dije que la programación es un extenso y vasto mundo para explorar. Lo devolveré... un poco porque si pasaste por todo el libro, te darás cuenta de que la programación es más de un universo lleno de mundos diferentes. HTML es su propio mundo que impulsa la Web junto con JavaScript y CSS. C++ es uno de los planetas más antiguos que todavía tiene una enorme comunidad. Java es un lenguaje muy popular gracias a Que Android es el sistema operativo más popular del mundo.

Con todos estos lenguajes de programación disponibles (¡y aún muchos más ni siquiera mencionados en este libro!), puede ser bastante complicado decidir qué hacer a continuación. ¿Qué lenguaje de programación debo estudiar realmente? ¿Qué lenguaje de programación tiene una gran demanda en este momento? No hay una respuesta clara a esto porque los desarrolladores de software siempre están en movimiento y a medida que la tecnología avanza y la inteligencia artificial empuja más hacia la corriente principal, hay una creciente necesidad de todo tipo de codificadores, programadores y desarrolladores de software. Nunca es demasiado tarde para subir a bordo a medida que se forman más startups y más empresas comienzan a ser menos transitorias y abrazan el maravilloso mundo de la computación.

No se preocupe por elegir un lenguaje de programación porque mientras haya un gran respaldo de la comunidad, cualquier habilidad que aprenda en ese lenguaje de programación se puede poner en uso. Además, cuando dominas un idioma o incluso alcanzas un nivel intermedio, deberías encontrar mucho más fácil aprender otros lenguajes. Y realmente no deberías simplemente parar en un idioma porque conocer varios lenguajes tiene sus ventajas. Imagine todos los problemas complicados que podría enfrentar o oportunidades de trabajo que requieren conocimientos en varios lenguajes sólo porque el problema necesita aprovechar las fortalezas de cada uno de los lenguajes. Piense en la posibilidad de lanzar un solo invento fresco en Windows, iOS, Android y todas las principales consolas de juegos. Piense en lo que puede hacer por la industria autoconductora.

Usted es totalmente libre de empezar a codificar como un hobby y seguir investigando a través de los recursos en línea para ampliar sus conocimientos. Pero si me vas a pedir consejo, trata de perseguir nuevos desafíos, ya sea que se publique en un foro o en un curso en línea o que se presente como una oportunidad de trabajo. El mejor aprendizaje viene de la experiencia, hice este libro para realmente ponerte en el estado de ánimo y la mentalidad correcta según la programación y prepararte con todas las herramientas básicas para que puedas empezar sin problemas. La programación es mucho más accesible de lo que solía ser en años anteriores y ahora incluso los niños y las personas en la escuela primaria se están involucrando.

Hay un montón de personas que todavía no son conscientes del valor de la programación y ciertamente no son conscientes de la existencia de libros como este. Así que considérese en la ventaja y no sea defraudado por todos los desarrolladores de software exitosos que ganan 6 cifras al año. Recuerde que estos desarrolladores también tuvieron sus humildes comienzos e incluso abandonaron la universidad sólo para entrar en la programación. Por supuesto, hay una gran cantidad de conocimientos que se obtienen de las escuelas de programación reales, pero la gente está aprendiendo a un ritmo más rápido con sólo leer recursos gratuitos y de bajo costo en línea. Ahora ve a encender tus IDE y empezar a codificar y probar esos consejos y trucos. ¡Espero sus comentarios!

www.ingramcontent.com/pod-product-compliance
Lightning Source LLC
Chambersburg PA
CBHW071119050326
40690CB00008B/1271